JN048765

# 「烈女」の一生

はらだ有彩

小学館

「烈女」の一生

# はじめに

私の通っていた女子校には不思議な出し物があった。

全校生徒がそれぞれグループ分けされ、グループごとに「年齢」を割り当てられて、「その年齢の女性」をテーマに仮装をして行進するというものだ。「女の一生」というタイトルの出し物だった。といってもお題はあってないようなもので、皆好きなようにコスプレしてそぞろ歩いていた。アイドルのような格好をした人や、学ランを着た人、着ぐるみにすっぽり収まった人。それを見て私は『女の一生』というけど、何のコスプレでもいいなら、『女の』は取ってしまって『一生』でいいじゃん」と笑っていた。女子校の中で私は自分を女というよりは人間だと思っていた。それでいて、女子校というものが、かつて教育機関が女性に門を閉ざしたがために特別に作られたものであることに気づいていなかった。そして『女の一生』というからには、何か「女ならではの」特別な要素があるはずだ」と無意識に考えていたのである。

悪人ではなく悪女。豪傑ではなく女傑。偉丈夫ではなく女丈夫。烈士ではなく烈女。「女流作家」というジャンルについて、ものを書くのは全員男性だと思われた時代と同じように使うことはやめてもいいのではないか、という声が上がってしばらくが経《た》つ。しかし女性が「女性だから」という理由で区別されたり、隔離されたり、追いやられたり、人生を制限されたり、「女ならではの」役割を期待されたりすることは、うんざりするほど歴史に染み付いている。過去の女性の功績を見直し、記録し直すことはフェミニズムの重要なアクションだが、見直せば見直すほど、その事実に直面する。そしてその事実は、現代ではすっかり改善され根絶された、とは言えない。

現代からそう遠くない歴史の中に生きていた女性の伝記を読むたびに、私は想像してみる。彼女が経験したことは、今私が置かれている状況と、よく似ているのではないだろうか？　そのとき彼女は何を感じただろうか？　どんな感情の動きを経験したのだろうか？

この本は、一九〇〇年前後という、私たちよりも少しだけ前の時代に生きていた女性たちの人生を追いかける本である。彼女たちが残した感情の痕跡に、自分の感情を託す本である。

怒っている私が、怒っていた彼女に、
疲れている私が、疲れていた彼女に、
生きている私が、生きていた彼女に、共鳴するために。
そして少しの希望を見つけたかもしれない彼女の一生に、私自身が少しの希望を見つけるために。

「烈女」の一生
目次

illustration　はらだ有彩
book design　川名 潤

# 1　働いて生きる

# トーベ・ヤンソン

## 心から「働きたい」と思いたい

※同性愛に対する差別的表現について言及している箇所があります。

人生の中で成し遂げたひとつの大きな仕事があれば、いつでもそれに満足しておくべきだろうか。その仕事の外に自分を探すことは、贅沢だろうか。待っていてくれる人々を置いて、自分がいてもたってもいられないものを追い求めることは。

一九一四年にヘルシンキで生まれてから、トーベ・マリカ・ヤンソンは「描きたい」と思うよりも先に絵を描き始めていた。

トーベの母シグネと父ヴィクトルは芸術を学ぶために留学していたパリで出会ったが、結婚してフィンランドに移ると、純粋芸術と呼ばれるものに携わるのはヴィクトルだけになった。芸術家のほとんどは男性で、女性芸術家は結婚したら夫の世話をするか、夫の作品の助手をするために自分の手を止めることがほとんどだった。ヴィクトルの彫刻の収入は不安定で、シグネの挿画や切手デザインの仕事で家族は生活していた。

シグネは赤ん坊のトーベを何枚もスケッチし、ヴィクトルもトーベをモデルに作品を作った。娘が芸術家になるだろうという期待は、若い夫婦の心の支えとなった。一九一八年にフィンランド内戦が起こるとヴィクトルは白軍（自衛軍）の兵士となり、トーベとシグネはスウェーデンに疎開する。戦地から戻ったヴィクトルは気難しく頑固になっていた。

両親の期待通りトーベは芸術を愛する子供に成長した。クラスメイトたちはトーベが自分で作った本を面白がった。しかしトーベは学校が全く好きではなかった。自分がしたいと思うことより、しなければならないこと、するべきことが優先されるのだから。作品が初めて雑誌に掲載されたのは十四歳のとき。出版社に絵本の原稿を持ち込むこともあった。十五歳の頃には、シグネが挿絵を手がけていた政治風刺雑誌『ガルム』に、トーベも絵を描くようになった。両親が夏に借りていたペッリンゲ群島にある家のトイレの壁に、トーベが腹立ちまぎれに落書きした絵は、なんだか不思議な生き物のようだった。

あまりにも苦痛だった学校を辞め、トーベはシグネの故郷であるスウェーデンへ向かい、母方の叔父の家に下宿しながらストックホルム工芸専門学校に通った。

描いて生きていくことは自然なことだった。絵を描いて独り立ちしたい。手を動かして働きたい。それは一人で家計を担い続けるシグネのためでもあった。

＊

スウェーデンから戻ったトーベは一九三三年、フィンランドの芸術協会の素描学校（アテネウム）に入学する。新しい芸術を求める若者たちや、国外で学んだことのあるトーベには、アテネウムで教えられる懐古的で保守的な芸術論は退屈に感じられた。アテネウムが想定する芸術家は男性で、女性の点数はいつも低くつけられた。それでもトーベは同年初めて展覧会に出品し、芸術家になろうとしていた。アテネウムと同時に所属した自由芸術学校は楽しかった。そこで絵を教えていた芸術家のサム・ヴァンニにトーベは惹《ひ》かれる。しばらくして、彼女はアテネウムを離脱した。

家族はこの年、ラッルッカというアーティスト・レジデンスに引っ越したが、トーベは一九三六年に家を出て、自分のアトリエを借りる。芸術が当たり前に存在するレジデンスは心地よく、家族とは離れがたかったが、同時に家は苦しい場所でもあった。トーベが『ガルム』に寄せる風刺画は人気があった。そんなトーベと、反共産主義のヴィクトルの折り合いは悪化していた。これまでトーベを家に引き留めていたのはシグネの存在だった。ここではないどこかへ行きたい、息苦しいフィンランドを出てしまいたいと思うときも、母を思う気持ちが後ろ髪を引いた。

新しい生活のために、トーベは雑誌や本、広告、ポストカードのための絵をたくさん描いた。彼女はもうすっかり注目された若手芸術家になっていた。

しかし一九三九年から始まった第二次世界大戦、続いて起こった冬戦争（第一次ソビエト・フィンランド戦争）が、トーベの気力を根こそぎ削ってしまうことになる。上の弟のペル・ウーロフは戦地へ送られた。アテネウムの仲間だった恋人タピオは、休暇で戦地から帰ってきても他の女性のところへ行ったきり戻らなかったり、トーベにつらく当たる日が増えた。戦時下で、女性は子供を産むことだけを期待される。産んでも、戦争へ連れて行かれ殺されるかもしれないというのに。

駄々をこねるヒトラーの絵を『ガルム』の表紙に描いた娘と、反ユダヤ思想に近づいた父の仲は緊迫していた。一九四二年に戦争と家族をテーマに描いた作品の評価が低かったこともトーベを落ち込ませた。その翌年に開いた個展も慰めにはならなかった。ここではない、どこか遠い場所に芸術家村を作りたい。できるのは、空想と、戦争反対の姿勢を絵に託すことだけだった。この年、『ガルム』の挿絵の隅に、不思議な生き物「スノーク」が小さく描き込まれた。スノークは戦争に怯《おび》え、批判し、権力を疑い、世界を見守る存在となる。物語の中は、トーベが唯一安らぎを探せる場所だった。

＊

一九四四年に継続戦争（第二次ソビエト・フィンランド戦争）が終わり、トーベはヘルシンキのウッランリンナ通りの天井の高いアトリエを借りる。第二次世界大戦が終結しても、生活が元通りになるわけではない。街は壊れ、物は不足し、人々は自らに、お互いに、戦争責任を追及した。それでもトーベはいくらか元気を回復し、失った時間を取り戻そうと絵と物語を描き続ける。

継続戦争の頃から書きためていたトロールのお話は、一九四五年に『小さなトロールと大きな洪水』、翌年に『ムーミン谷の彗星《すいせい》』という形になった。自然災害や彗星の恐怖は戦争の恐怖と繫《つな》がっている。

初めの二冊はさほど話題にはならなかったが、身近な人々を登場させながら、ムーミンが住む谷の世界は広がっていった。

例えば、恋人のアトス・ヴィルタネンである。彼の性質は様々なキャラクターにちりばめられ、緑の帽子はスナフキンと同じだった。雑誌『ニィ・ティード』の編集長で、社会民主党の議員でもあるアトスと、トーベは結婚せずに一緒に暮らした。婚姻関係にない相手と暮らすことで非難されたのは女性であるトーベだけだった。

例えば、恋人のヴィヴィカ・バンドレルである。演出家として活躍していたヴィヴィカには夫がいた。パリに滞在していたヴィヴィカに、トーベは暗号と偽名を混ぜながら手紙を書いた。当時のフィンランドでは、同性愛は「犯罪」であり「病気」とされていた。トーベとヴィヴィカから生まれたキャラクター、トフスランとビフスランは、二人にしか分からない言葉遣いで話した。

一九四七年に手掛けたヘルシンキ市庁舎の壁画にヴィヴィカを描き、そばに自分自身の姿も描き入れた。アトスの率いる『ニィ・ティィード』では、ムーミントロールのコミックスを連載した。

トーベは二人を愛したが、できるだけ客観的に生きようと自分を訓練してきたアトスは思考のほとんどを政治のことに使っていて、トーベとの結婚には乗り気ではなかった。ヴィヴィカには他にも女性の恋人がいた。市の有力者であるヴィヴィカの父親からコネで壁画を受注したのだと思い込んだ芸術家仲間から、嫉妬が向けられることもあった。

目の前の人をどれほど愛していても、従属したくない。自由な精神でいたい。いつでも絵を描く幸福に溢《あふ》れて、仕事に打ち込みたい。自分のために描きたい。恋人としての別れを迎えたあとも、トーベはアトスともヴィヴィカとも、ずっと友達でい続けた。

＊

一九四八年には事態が一転する。シリーズ三作目の『たのしいムーミン一家』が絶賛されたのだ。一九四九年にはヴィヴィカの提案で、スウェーデン劇場でムーミンの舞台が上演された。舞台美術はトーベが作った。

有名になったとたん、実体のない誹謗《ひぼう》も増えた。ムーミンの素行が悪い、これでは子供たちの教育に悪影響だと言われても、トーベは最初から、誰も教育しようとはしていないのだった。

折しも抽象絵画がフィンランドに上陸していた。トーベは他の芸術家仲間たちのように我先にと抽象絵画に手を付けることはしなかった。そもそも絵画以外の仕事が増え、どんどん忙しくなっていた。公共の場所に飾る絵を依頼されることも多かったが、それらは純粋芸術ではないと見下されているものでもあった。成功したトーベに対する芸術家仲間の嫉妬は、彼女が女性芸術家であることでさらに膨れ上がる。同性愛者であることを攻撃されることもあった。

だけど働かなければならない。一九五二年に買い取った、愛するウッランリンナのアトリエの支払いがある。有名になっても収入はさほど増えず、しかし周囲からは稼いでいると思われていた。だからトーベは、イギリスの大手新聞『イブニング・ニューズ』紙での、七年間のコミック連載の契約書にサインした。きっとこれで安定した生活を得て、落ち着いて絵画制作に取り組める。

一九五二年のムーミン絵本『それからどうなるの?』は高く評価され、スウェーデン語とフィンランド語で刊行された。一九五四年に『イブニング・ニューズ』でコミック連載が始まり、世界各国の新聞にも転載されると、ムーミンとトーベの知名度はますます高まった。故郷であるにもかかわらず翻訳が遅れがちだったフィンランドでも、フィンランド語のコミックスが掲載された。

この成功は、トーベを疲れさせた。週に六本描き上げなければならないコミックス原稿。いつも頭を圧迫する〆切《しめきり》。多くの人が読むのだから、完璧に仕上げなければならない。一九五〇年には『ムーミンパパの思い出』、一九五四年には『ムーミン谷の夏まつり』が出た。本業の絵画にいつでも帰ってこられると思っていたにもかかわらず、時間は少しも余っていなかった。トーベが連載に追われれば追われるほど、コミックスは素晴らしい作品になり、ムーミンの人気は白熱する。商品化のオファーも増え、目を通す書類も増えた。読者の子供たちからの手紙に、トーベは全て返事を書いた。九年ぶりの個展を開くことができたのは、一九五五年になってからだった。

一九五八年、父ヴィクトルが亡くなる。芸術家として母シグネを犠牲にした父。芸術家としてずっと敬愛していた父。私は、絵を描かなければ。ああ、でも、ムーミンを描かなければ……。ムーミン作家、あるいはムーミンのママである前に、画家として知ってもらわなければ。描きたくないなんて、思いたくないのに。描くことが喜びだったのに。トーベのごく個人的な心のよりどころだった小さなムーミントロールは、疎ましささえはらむようになっていた。いっそ憎んでしまえればよかったが、それでもなおムーミン谷は自分の感情を託す場所でもあった。そしてやはり時間と気力を奪うものでもあった。

一九六〇年、『イブニング・ニューズ』のムーミンコミックスの執筆は、連載を手伝っていた下の弟ラルスに引き継がれた。

＊

トーベの最後の恋人、トゥーリッキ・ピエティラは疲れたトーベの心に輝きを取り戻してくれた。二人が初めて会話した一九五五年、フィンランドでは同性愛はいまだ「犯罪」のままであった。彼女は「おしゃまさん」ことトゥーティッキのモデルとなる。一九五七年の『ムーミン谷の冬』では、ムーミンは自分以外誰もいないかのように思えた冬の世界で、トゥーティッキに出会う。グラフィックデザイナーのトゥーリッキはトーベのすぐそばにアトリエを構えた。


コミックス連載が終われば、画家として絵が描けると思っていた。すっかり抽象絵画ばかりになった展覧会に、それでもトーベは具象絵画を出品し続けていたが、一九六〇年代には抽象絵画と格闘するようになる。一九六二年には『ムーミン谷の仲間たち』が刊行され、挿画の仕事も忙しかった。

身近な人を失うたび、トーベは書かずにはいられなかった。一九六五年の『ムーミンパ

パ海へいく』、一九六八年の『彫刻家の娘』はヴィクトルへの思いでできていた。

何よりも大切な母シグネは、一九七〇年に亡くなった。その年、『ムーミン谷の十一月』を最後にムーミンシリーズの執筆を終えたトーベは、大人に向けて自分を表現し始める。シグネの死は大人向けの小説『聴く女』『少女ソフィアの夏』の中に刻まれた。

ムーミンシリーズが終わったことに人々はショックを受け、『ムーミン』にも、それ以外の作品にも、好き勝手に反応した。出版社はトーベに絵を描いてほしがった。ムーミンを思い出させる絵を。

大人のために書かれたトーベの短編小説集には、どうしようもないつらさや孤独、取り返しのつかない人生の中に、微《かす》かな平穏を探す作品がちりばめられている。平穏は小さく、諦めの中にあるかもしれない。それでも探さずにいられない。取り返しのつかないものに翻弄され、世界のうねりに飲まれながらも、安らぎ方を見出《みいだ》そうとしている。書きたい。描けない。描きたいと思いたい。だって書きたいはずだ。描きたいのが私だ。心から「働きたい」と感じているとき、私は最も生きているはずなのだ。

シリーズが終わったとはいえ仕事は相変わらず忙しかった。グッズの勢いは止まらず、契約書も果てしなく交わされる。手紙は届き続ける。壁画の依頼は途切れず、テレビドラマも手掛ける日々。

それでも一九七五年にトゥーリッキとパリに滞在していたとき、トーベはふと、また絵を描き始めた。モチーフは絵を描くトゥーリッキと、自分自身の顔。ムーミン屋敷の巨大模型を作ることにも熱中した。トゥーリッキと世界のあちこちを旅して回った。冬以外はなるべく、『ムーミンパパ海へいく』を書きながらトゥーリッキと建てた、クルーヴ島《ハル》の小屋で過ごした。『ムーミン』の日本でのアニメーション化は、一九七一年には戦闘機や体罰を盛り込まれて心から失望しただけだったが、一九九〇年になって納得のいくものが新たに作られた。

意欲が年齢とともに少しずつ凪《な》いでも、無理のできない身体《からだ》になって安全のためにクルーヴ島《ハル》を後にする日が来ても、ムーミンは世界のいたるところにいた。二〇〇一年、トーベが亡くなった日にも、ムーミンは愛され、求められていた。「描きたい」と思い悩み続けたトーベの人生は、今も無数の小さなトロールたちが記憶している。

# 鴨居羊子

## けもののように孤独に遊び、世の中を駆け回り続けられたなら

思うままに走る。気の向くままに想像する。疑問を口に出し、解体する。するとたちまち、「そんなことをしてはいけない」と因習が追いかけてくる。なぜいけないのか分からない。気にくわない。不思議でたまらない。今という時代までに人間が勝手に組み立てた因習に、なぜ従わなければいけないのだろう。呆気《あっけ》に取られた人々のため息が耳をかすめ、はるか後ろへ流れていく。人々のため息はやがて目覚め、大急ぎで向かってくる。世の中を駆け巡る旋風となったため息の中に佇《たたず》みながら、彼女はなお思うままに走ろうとする。

因習を覚える前から、鴨居羊子《かもいようこ》は進む道を決められることが好きではなかった。明治生まれの母・茂代《もよ》にとって女のゴールは嫁入りだった。「お嫁に行けるようにお行儀よくしなさい」「美しいものはお嫁に行くまでとっておきなさい」と言われるたび、羊子は結婚のために生きるなんてやめようと心に決めた。なぜいい人間になることではなく、

結婚することを人生の目的に設定しなければならないのか分からない。なぜ今楽しんではいけないのか分からない。それでもこの厳しい母を愛していた。

毎日新聞の記者だった父・悠《はるか》は酒好きで、たびたび酔いつぶれた。それでいて気の小さいところもある、これまた愛すべき人だった。一九二五年に大阪に生まれた羊子は、悠の転勤のため、三歳の年に一家で金沢へ移り住む。金沢の街は雪に湿り、閉ざされた封建的な家の中で嫁と姑《しゅうとめ》が暮らす土地という印象を幼い羊子に与えた。

悠の転勤は多く、一家は京城《けいじょう》(現在の韓国・ソウル)、大阪を経て、また金沢に落ち着く。どこに住んでいても、家には新聞社の人々が出入りした。京城での、植民地支配階級としての無邪気な生活に羊子が気づくのはずっと後になってのことだった。京城で高等女学校に通い、大阪で女子専門学校まで進学した女学生は当時珍しかった。それでも学徒動員ののち在学を半年切り上げられて駆け足で卒業し、金沢へ帰ると父の勧めで見合いをさせられた。金沢でカトリック教会へ通い始めていた羊子は信仰について話し続け、相手から断られるよう仕向けた。結婚したくなかったのだ。なぜ結婚しなければいけないのか分からない羊子にも、嫁に行けば皆が喜ぶであろうこと、その顔見たさに「はい」と答える娘たちの気持ちは手に取るように分かった。

一九四四年、尊敬し愛していた三人きょうだいの兄・明《あきら》が出征先のレイテで戦死し、その五年後には悠が脳溢血《のういっけつ》で亡くなった。のちに画家として有名になる三人きょうだいの弟・玲《れい》はまだほとんど画学生だった。借金を返すと後には何も残らなかった。誰かが生活費を稼がなければならない。羊子は母と弟を養う大黒柱となる。父の知人を頼って大阪へ向かい、新関西新聞という小さな新聞社の校正の仕事を得て、間借りの部屋に家族を呼び寄せた。

＊

家族を食わせなければならないという重荷の一方で、大阪は面白かった。やりたいことだらけの場所だった。羊子はやがて記者として街へ出るようになる。今どんな理由で何が起きているのか？　これから何が起きるのか？　の仮説を立て、先んじて批判しなければならない、と教えてくれたのは新関西新聞の先輩たちだった。金はなくとも毎晩彼らと酒を飲み歩き、ときには政治家にインタビューし、大阪を歩き回る日々。この先数十年間、事業のパートナーとなる森島瑛《あきら》と出会ったのも新関西新聞だった。

一九五一年に読売新聞が大阪に拠点を作ると、羊子はその新天地へ瑛とともに移った。しかし大きな新聞社はすぐに羊子の息を詰まらせる。組織化された集団の中で自分自身の怒りや不満や欲求を持ち続け、またそれを周囲に伝え続けることは、なんと難しいのだろう。会社までの道のりで出会う、のら犬たちだけが羊子の心を温めた。厳しい生活を送っているはずののら犬たちは、羊子の目にとびきり自由に映った。

大きな組織では、これから何が起きるのかを考えることは必要とされなかった。いつしか人の作ったものについて書くよりも、自分でものを作りたいと思うようになっていた。自由な精神でいたい。何かを作りたい。私の考えを世間の人々に余すところなく伝え、生活に浸透するような何かを。人々が本当は気にくわなくて、物足りなくて、不満を持っているはずなのに、まだ気づいていない何かを。存在しないと思い込んでいた欲求を見つけられるような何かを。向こう見ずで、世間知らずで、胸を燃やすもの無しには生きられない若者は、一九五四年九月、読売新聞を退社した。

＊

家族はまだ羊子が新聞社に勤めていると思っていた。出社するふりをして友人の部屋へ向かう。一か月と少しの給与に相当する退職金を握りしめて材料集めに奔走し、自らを「チュニック制作室」と名づけた。

作るものは、下着である。

当時は下着といえば白。存在意義は身体《からだ》の保護と防寒、または身体を締めつける補整が主だった。冬用のメリヤス製の下着は重苦しく肩が凝る。絹製の下着は寒すぎる。舶来ものの華やかな下着は驚くほど高く、たとえ手に入れたとて、嫁入り前の娘が着ても、年齢を重ねた女性が着ても、あまり良い顔をされなかった。はしたないというのである。なぜこんなに選択肢が少ないのか、分からない。本当はみんな気にくわなくて、物足りなくて、不満を持っているはずなのに、気づいていない。何より自分自身が納得できない、だから、作るのだ。

それにしても金がなかった。普通でないものを作るためには材料を別注しなければならず、別注するには量が要る。退職金でナイロンの布地を買い、アパートの庭で金具を染める。特注のパーツの在庫が積み上がる。出来上がった商品を置いて売るのではなく、個展をするのだ。自分の考えを人々に余すところなく伝えるための個展を。

特別肝が据わっているわけではない。むしろ人見知りで、人間より動物相手の方が安らぐ。そんなことはおかまいなしに、一九五五年の年末、羊子の名前は新聞の上を舞った。一度目は個展のために羊子の打った広告によって、二度目からは、個展の評判を聞きつけた記者たちの取材記事によって。大阪のそごう百貨店のギャラリーの片隅、エントランスの小さなスペースで開かれた『W・アンダーウェア展』。黒く無骨な空間に並べられたのは、今まで誰も見たことのないものだった。カラフルで、セクシーで、チャーミングで、薄いナイロン製で、ひとつずつ不思議な名前のついた、それでいて機能的な下着たち。女性自身がただ心から楽しみ、上機嫌になり、自分に浮かれるための下着たち。
人々は面白がったり奇妙がったりし、それでも目の前に現れてしまった欲望の矛先に反応せざるを得なかった。注文が入り始める。偶然にも、警察の取り締まりが厳しくなり営業ができなくなったヌード喫茶から、規制をかいくぐるための大口の注文を受けた。個展は成功したのだった。

年が明けて、羊子は事務所を構えた。心斎橋の真ん中の小さな雑居ビルの、これまた小さな一坪の城。とはいえ全てがうまくいったわけではない。若い女だからとナメられて大量の商品代金を踏み倒されたこともあった。新しい下着が新しい時代を連れてくるなんて思いもしない小売店からは冷たくあしらわれた。「ごく少量の」という意味の英語をもじって名づけたパンティ「スキャンティ」は、スキャンダラスなパンティ、すなわち他者に過度に性的なイメージを想起させるためのものだと書き立てられた。金勘定には不慣れで、百貨店の七掛けも分からぬ始末。それでも幾人かの商売人たちが、羊子に惚《ほ》れて集まってくる。人々の欲望がまだ発展途上であることを噛《か》みしめながら、羊子は小さなオフィスで下着にまつわる原稿を書いた。瑛はビルの階段を往復し、膨大な資料を運び込んだ。世の中には第一次下着ブームというものが巻き起こりつつあった。羊子から吹いた風が羊子を包み込む。チュニックの売り上げは急激に伸び、宇野千代の店に、あちこちの販売店に、大手百貨店に、商品が置かれ始めていた。

　下着ブームという形で世の中がようやく動き出しても、羊子は人々を驚かせ続ける。一九五七年、チュニックの初めてのショーが大阪スバル座で開かれた。日本初の下着ショーは一九五二年にワコールが既に開催していたが、チュニカ・ショウと名づけられた羊子のショーはこれまでになかったものだった。男子禁制でもなければ、ひそやかに隠れて開かれるものでもなかった。舞台をオートバイが走り、モデルは自由に動き回り、客席に下着を投げて寄こす、激しく明るいものだった。

　そうして一九五八年にチュニックを株式会社化して、手狭になった一坪のオフィスを移転した頃、羊子はすっかり下着の第一人者になっていた。瑛は取締役に就いた。その年に出版された彼女の本のタイトルは『下着ぶんか論』。監督を務めた映画『女は下着で作られる』も公開された。試合で活躍したプロ野球選手に下着を贈るパフォーマンスも話題になった。世の中を啓蒙《けいもう》して風を起こし、さらにその風に背中から吹かれる。羊子と時代は一緒になって回転していた。一九六一年には、男女が同じデザインを着られる下着「ウィリアム・スタイル」を発表する。インナーだけでなくアウターとしても着られるこの商品はますます下着を自由にした。

＊

風の中にいるときには、風の形を探ろうと躍起になる必要はない。しかし会社が大きくなるにつれ、人々に欲求を問いかける感覚が心もとなくなっていった。会社組織が膜のように、羊子と市場を隔てる。会社で決める何もかもに自分の許可が必要になる。作りたいものより、作らなければならないものを優先する。手触りが薄れていく。自由な精神でいたい。のら犬のように不満を抱え、孤独に、愉快に走り続けていたいのに。大きく変わっていたのは会社組織だけではない。下着というもののあり方も変わりつつあった。羊子が呼びかけた新しい下着像は、その時には欲求に気づいてさえいなかった人々に、今や当然のものとして認識されようとしていた。市場にはチュニックの模倣品があとからあとから出回った。

一九六三年から羊子はたびたび世界へ旅に出る。自分の名前さえ自分ひとりのものでなくなった羊子にとって、外国という場所は開放的で、それでも訪れる土地土地で溢《あふ》れ出るデザインを形にせずにはいられなかった。旅から戻ると下着だけでなく、人形や雑貨をも作り始める。あけすけで率直で明るい雑貨たちは大人のオモチャと呼ばれた。旅先でインスピレーションを得て、これまでのナイロンからコットンへと素材を広げていった。オフィスの片方の机で書類を読み、もう片方の机で絵を描いた。オモチャ同様にあけすけで率直で明るい、そしてぼんやりとどこかへ飛び去ってしまいそうな絵は人気を集めた。商売人でもあり芸術家でもある羊子は両者の間で葛藤していた。女友達と旅に出たり、男友達とヨットでの船旅へ乗り出したりすると、肩書きが陸地のように遠ざかっていく気がした。フラメンコのレッスンに打ち込んだり、何人もの恋人と情熱を交わすことは、数字や時間以外のものに突き動かされることと似ていた。もっと自由に、予定されていない、目的のない喜びとともにありたい。その欲求を人々にも問いたい。悪いところも格好悪いところもあるまま、愛すべき人生を実践していきたい。けもののように未知のものを掻《か》き分けて、欲求に飛びついて捕えたい。

一九七二年、同居していた母・茂代が亡くなった。脳出血で倒れて以来、十四年間をベッドで過ごした末のことだった。母の世話は息子ではなく娘の羊子がこなしていた。愛すべき母。厳しく重苦しい母。ここまで来るための反骨的原動力をくれた、ここからどこにも行けなくなる足枷《あしかせ》をくれた母。茂代の死の半年後、最愛の相棒である犬の鼻吉《はなきち》もこの世を去った。羊子自身も脳出血に襲われていた。一九八五年には、羊子の下支えもあって画家として成功しつつあった弟の玲が自ら命を絶った。故郷の金沢できょうだいで二人展を開いた矢先だった。自分と同じように世界を見つめ、自分と異なる場所からそれを形にしようとしていた、よく似ていて全く対照的な弟。もうどこにも確かめられなくなった、家族の記憶。

一九九〇年の初め、生涯のパートナーとも言うべき森島瑛が会社を去る。体調が優れず、足も動かしづらくなっていた羊子に対し、瑛が会社を一区切りさせるよう提案したことが原因のひとつだと伝えられている。売り上げはピークの半分ほどになっていた。羊子にとって、チュニックを求める人が今もいる以上、自分たちの子供とも言える会社が今もある以上、彼の提案は受け入れられるものではなかった。羊子を下着の分野へ導き、情報と戦略的助言を四十年間与え続けたとも言われる瑛を、羊子は自分の意思で拒絶した。翌年の一九九一年、羊子は脳出血により再び倒れ、運ばれた病院で息を引き取った。

風は吹き続ける。かつて背中から追いかけてきた風は、今どこにいるのだろう。羊子が自分たちで描いた社旗を掲げた心斎橋・三角公園の前のオフィスには、今では全く現代らしいテナントが入っている。下着は見えることも見えないことも、つけることもつけないことも、色も形も女性を縛りつけるべきではないと考えている人々は、三十年でずいぶん増えた。チュニックは現在、兵庫県芦屋《あしや》にオフィスを構えている。今ここに吹いている風は、確かにあの時羊子を追いかけていた風に押されて、押されて、私たちの時代にある。

# 相馬黒光

## 本当に本当のこと以外、どうやってできようか

「何度人生をやりなおしても、きっと同じ道を行くだろう」と思う選択をし続けることはとても難しい。私は今、嘘《うそ》偽りのない私でいるだろうか？　切実で透明な心持ちでいるだろうか？　すっきりと胸を張っていられるだろうか？　今この瞬間、光を遮る、眠気のような靄《もや》から目を背けていないだろうか？　ほんとうに？

相馬黒光《そうまこっこう》という少女は、靄に気づかないふりをしてやり過ごせる性質《たち》ではなかった。

一八七五年に星良《ほしりょう》として生を享《う》けたのは、明治維新の最中に没落した仙台藩士の家。物心つく頃から衰退の一途を辿《たど》る環境で良は育った。駆け回って生活のための金を工面するのはいつも母で、婿養子の父はまるで無気力に見えた。十二歳の年、姉が東京での婚約を一方的に破棄され、何も知らされずに宮城へ送り返されて精神を病んだ。女の人生はこれほどまでにままならないのかという歯痒《はがゆ》さが、子供の心に影を落とす。

儒教の家に育った良は、家族皆で一つの仏壇を拝む友達や、近所のキリスト教会で神の教えに耳を傾ける子供が羨ましかった。士族の矜持《きょうじ》を失い、困窮を極めてもたましいの指針となってくれる、何か大きなよすがを求めていたのかもしれない。家族の反対を押し切って教会に通い始めるまで時間はかからなかった。

教会で会った女性から、良はかねて憧れていた明治女学校での体験談を伝え聞いた。女性の啓蒙《けいもう》と地位向上を目的とした『女学雑誌』も刊行する、今最も進んでいる東京の学校。新しい女子教育！　良でなくとも、未来に希望を抱きたいと渇求していた当時の女の子なら、誰もが注目していた。——学びたい。一度そう強く思ってしまったというのに、どうしてこの先の人生を、学ばずに生きられるだろうか。

十五歳で父が亡くなったとき、学問を欲する良を阻める者は誰もいなかった。あまりに勉強したがる娘を思い、母は決して楽ではない家計を押して女学校へ入れてくれた。ただし明治女学校ではなく、家の近くの宮城女学校へ。

念願の女学校に、良は一年しか留《とど》まらなかった。アメリカ人主導の教育方針に疑問を抱き、校長に直談判《じかだんぱん》して退学処分になった先輩たちに、仁義を通す形での自主退学。彼女たちに賛同していたにもかかわらず、良は学校に残ることを許されていた。しかし、一度「これではいけない」と強く思ってしまったというのに、どうして自分だけ平和な学校生活に戻れるだろうか。母は転校を、東京への進学を許してくれた。一八九二年、良は一人で列車に乗り込む。

最初の転入先は横浜のフェリス女学校。教会で世話になった神学生・島貫兵太夫《しまぬきひようだゆう》に、アメリカから学費の援助が受けられるということもあり勧められた。何もかもが美しく調和し、洗練された学び舎《や》。しかし、実家の逼迫《ひっぱく》した状況を思うといっそ生ぬるくさえ感じられた。キリスト教信仰に対する姿勢も、何だかルールありきの画一的なものに思えた。自分は学費の援助を受けている。ここで学べるだけでも感謝しなければならない。しかしこんな靄を抱えたまま、どうして思考停止して従えるだろうか。


今度は兄が折れて、ついに明治女学校への転校が許された。

あれほど切望した最先端の教育。才気溢《あふ》れる先生方。それを率いる巌本善治《いわもとよしはる》校長。校舎こそ荒廃してはいても、そこに満ちる、学びの喜び！　ここで私は、文学の道に進む――はずだった。しかし既に明治女学校は最盛期を過ぎ、教鞭《きょうべん》を執っていた島崎藤村などは生徒との「純愛」の末、抜け殻のようになっていた。他の教師も女生徒と片端から「純愛」に落ちていた。

それでも学ぼうとする良の行く手を塞ぐように、新聞に明らかに良の名をもじった、「色恋沙汰の末に身投げした女」を揶揄《やゆ》する記事が掲載された。事実無根の中傷記事である。犯人はどう考えても顔見知りの文学青年だった。彼が面子《メンツ》を保ち高尚でいるためには、良は鬱陶しかったのだ。明治女学校の誰も、積極的に力になってはくれなかった。皆、黙って曖昧に笑うか、顔をしかめるだけだった。巌本善治校長だけが新聞に取り下げを求めてくれた。

恋愛小説を書けば自身のエピソードだと思われる。文学とは、表現とは、学びとはこんなことで良いのだろうか？　そんな靄に行く手を阻まれているのは良だけだった。どうやら「彼ら」は靄の中にいても、何も気にならないらしい。自分たちが面子を保ち高尚でいるためだけに嫌がらせを仕掛けて、それでも真理に向き合ったつもりでいられる文芸というものは、よほど素晴らしいものなのだろう！　自分の他にも、こんな風にあしらわれてきた女性がどれほどいることだろう！　それとも、嫌がらせさえできなくなるような無類のものを書いて突き付けられれば、「見逃して」貰《もら》えたのだろうか。私に「見逃して」貰えるだけの圧倒的才能がないことが原因なのだろうか？　そう、そうか。

この事件のすぐ後、不慮の火事で校舎と寄宿舎が焼け落ちる。善治の妻にして優れた翻訳者であり、素晴らしい教師でもあった若松賤子《わかまつしずこ》が、この火事がもとで亡くなった。場所を移して授業は再開されたが、良の卒業後、善治は精彩を欠き、あまつさえ女性に関する事件を連発し、明治女学校の名誉は落ちていくばかりだった。

＊

島貫兵太夫に半ば強引に見合いを勧められたのはそんな折である。文学の道を進むつもりでいたのだから、もちろん抵抗があった。しかし中傷記事の一件で心底嫌気がさした良は、投げやりといってもいい心持ちで「嫁入り」を決行する。相手は信濃《しなの》の庄屋の息子で、相馬愛蔵《あいぞう》というらしい。きっと田舎の風景の中では、あんなに醜い事件は起こらないだろう。愛蔵が馬鹿な記事を真に受けなかったことにも救われた。

確かに山深い村には、文化的に上位に立ちたい人間どうしの当てこすりは存在しなかった。しかし良は再び靄を感じる。

ここでは、今まで培ってきた教養を活かせない。愛蔵との夫婦の営みもどうしても不快だった。しかし女性が当然受け入れ、こなすべきとされていた生活への不快感を理解してくれる者など一人もいない。士族出身の良自身も家父長制を当然のものとして育ってきたため、自分が感じる不快感と、染み込んだ良識とのおさまりの悪さに苦しんだ。大らかな愛蔵も、義兄夫婦も、相馬の家の人々も慣れない若い「嫁」に親切で、疑問をぶつけることも不満をあらわにすることもできない。生業である養蚕は確かに誇らしかった。結婚の翌年、一八九八年には長女の俊子も生まれた。しかし、生まれたばかりのこの子はこの場所で成長して、かつての自分のような研鑽《けんさん》への衝動を持てるのだろうか。そう考えると靄はどんどん濃くなり、良は病に倒れた。

夫は弱る妻を心配し、里帰りと東京での療養を勧めてくれた。村を離れた良は、靄を吐き出すように『女学雑誌』に寄せる文章を書き殴る。そのときにまだ健在だった巖本善治校長が良につけたのが、「黒光」というペンネームだった。強く溢れ出る才能の光を、もう少し人に見て貰いやすいように隠しなさい、という。しかし溢れ出る光を眠気のような靄で包み込み、弱く見せる必要が本当にあるのだろうか。

東京で卵巣の手術を受けた黒光は少し元気を取り戻したようだった。相馬の家へ戻り、ほどなくして長男・安雄が生まれる。跡継ぎの誕生を誰もが祝ったが、身体《からだ》はまた言うことを聞かなくなっていった。臥《ふ》せったきりの妻を見かねた愛蔵が、家のことを兄夫婦に任せて東京で暮らそうと言ってくれた。黒光は村を出た途端に力が湧くのを感じた。

全くの手探りで戻ってきた、生活のあてもない東京。二十六歳になっていた。本郷に腰を下ろした夫婦は、学生を相手にパンを売るというのはどうかと考え始める。当時はまだ新しい商売だったパン販売の、参入障壁の低さとハイカラさが気に入った。リサーチのために近くの店のパンを毎日試食し、事業譲渡の募集など出してみると、なんと試食していたパン店その人から応募があった。愛蔵の友人に借金をし、えい、と思い切った。職業婦人はいても、パン店を起こした職業婦人はいまい。屋号を譲渡前の「中村屋」から変える暇もないまま、慣れない接客に、勘定に、仕入れに駆け回った。

ある日愛蔵が、シュークリームなるものを買ってきた。一九〇四年、まだ西洋菓子など

そうそう流通していない時代に、初めて食べたシュークリームの美味《おい》しさに夫婦は胸を打たれた。あんパンの餡《あん》をクリームに変え販売してみると、たちまちヒット商品となる。

しかし、かつて文学青年たちが自分の面子のために良を踏みにじろうとしたように、視線を集める者はしばしば不当な妬み嫉《そね》みをぶつけられる。店の経営がうまくいくにつれ脱税の噂《うわさ》が囁《ささや》かれ、税務署の厳しい調査に晒《さら》された。苦境に立たされることになると分かっていても、黒光には、売り上げを低く報告する工作ができなかった。

税金が膨れ上がり、店の財政状況は一気に悪くなる。こうなったら仕方がない。経営が傾いたなら、工夫して立て直すほかに道はない。とはいえ、店に来てくれる買い物客の数も、彼らが求めるパンの数も、突然増えるわけもない。ならば、売る場所を変えるか、増やすしかない。どのみち、本郷でできることはもうやったのだ。危機を危機のまま、失敗を失敗のまま、靄を靄のままにしておくことは、黒光には不似合いだった。黒光と愛蔵はいまだ寂れた、しかしその立地の良さから今後の発展を感じさせる、新宿に支店を出すことを決意する。新天地・新宿はやがて中村屋の本拠地となり、本店もこの地に移ることになる。

黒光が村を出るときに信濃の相馬家と交わした約束では、愛蔵は養蚕の繁忙期に里帰りして家業を手伝う決まりになっていた。東京と信濃を行き来する生活の中、愛蔵の浮気が発覚したのは一九〇八年。黒光は三十二歳だった。田舎育ちの愛蔵はよく言えば寛容、悪く言えば大雑把で、夫婦の営みを嫌悪する妻を何度も詰《なじ》るような人間ではなく、そして自分の不貞を気に病むような人間でもなかった。浮気を報《しら》せたのは、かねて夫婦ともに親交のあった、愛蔵の故郷の後輩・荻原守衛《おぎわらもりえ》。黒光より年下の守衛と、彼女はこの頃から密《ひそ》かに親しみを寄せ合う仲となる。守衛は荻原碌山《ろくざん》の名で彫刻家として活動していて、そのアトリエは中村屋の近くにあり、黒光の子供たちは彼によく懐いた。彼が作った作品『女』は誰が見ても黒光がモチーフだとはっきり分かった。地面に膝をつき、両手を後ろ手に縛られるように垂らし、顔だけは上空を見つめ胸をはる「女」。その表情は靄の切れ目を信じ探しているようだった。

碌山は黒光への想いと、長い体調不良に悩まされ、一九一〇年、相馬家の一室で喀血《かっけつ》してこの世を去った。碌山の芸術家仲間たちは隠れて、あるいは大っぴらに、「あの女のせいだ」という目を向けた。打ちのめされ病に臥せる黒光の世話を、愛蔵が焼いていた。

＊

一九一五年、夫妻はインド独立運動に携わりイギリス政府に追われていた活動家、ラース・ビハリ・ボースを匿《かくま》うことになる。中村屋は新宿の中で場所を移し、店を拡大していた。守衛のアトリエを敷地に移築した他にも芸術家に住まいを貸し、毎日多くの人が出入りした。イギリスの植民地としてのベンガルに生まれたボースは、闘争の首謀者として懸賞金をかけられ、日本に亡命していた。イギリスに求められて日本政府がボースらに国外退去命令を出した頃、頭山満《とうやまみつる》をはじめ退去を阻止しようとする支援者らによって、中村屋が隠れ家に選ばれたのである。彼らが誰なのかよく知らないまま愛蔵は同情し、英語が話せる黒光は大いに協力した。一度「放っておけない」と強く思ってしまったというのに、どうして見殺しにできるだろうか。中村屋に滞在した四か月半を皮切りに、ボースの逃走生活は長引いた。忙しさと出産と心労で断続的に身体を悪くしていた黒光の代わりに、娘の俊子がボースの世話役に選ばれる。俊子は東京の女学校を卒業していた。支援者の間で、俊子をボースに嫁がせて手助けをさせてはどうかという話が持ち上がる。それは確かに有効な策ではあった。しかし果たしてそれでいいのだろうか。つけ狙われ監視される生活だ。苦労は目に見えているし、命の保証もない。俊子はきっと両親の置かれた立場を慮《おもんばか》るだろう。自分の意思を貫いてほしいと願った娘に、親が身を投じた危険を背負わせることはできない。しかし、ボースを助けずにいることもできない。子供の頃は正しいと思うことに心のままに向かっていけたのに、大人になるにつれ、靄を晴らすことがとんでもなく複雑になっていく。

俊子はボースとの結婚を決めた。結婚から四年後の一九二二年、ボースへの追跡が緩められる。束《つか》の間の穏やかな時間のあと、一九二五年に俊子は二十六歳でこの世を去った。

子供たちは九人いて、そのうち六人が黒光よりも前に亡くなった。一番上が俊子。次男の襄二は四歳で病死、三男の雄三郎は生まれてすぐに逝き、四男の文雄はブラジルでマラリアに罹《かか》り二十歳で死去。五男の虎雄は三十を過ぎた頃、戦争中に消息を絶った。四女の哲子はボースを支援する騒動の中、一歳で亡くなった。子供たちの死に黒光は自責の念を感じていた。哲子は母親の疲労によって乳の質が悪くなったから死んだのだ、とも言われた。俊子を失った黒光の心に寄り添うのはいつしかキリスト教ではなく仏教になっていた。

中村屋を頼ったのはボースだけではない。色々な人間が黒光と愛蔵を訪ねて戸を叩き、芸術家たちはサロンに集まった。夫婦は彼らを家に滞在させ、警察とトラブルになることもあった。一九一九年からロシアの詩人エロシェンコを住まわせたときには警察に乗り込まれ、署長を退任させる騒ぎにまでなった。若い男であるところの芸術家や文筆家らに黒光が惜しみなく笑顔を向けると、向けられた本人や周囲の人々はときに、あの女は男を誰でも惑わすのだと言った。

人々はときに、黒光を責めた。左翼運動にも参加していた五男の虎雄は、黒光が頭山満などアジア主義・国家主義者を尊敬していることを詰《なじ》った。女学生時代に「西洋人の指図を受けながら勉強するのはいやだ」と思った名残りか、立場や思想よりも世話になった人を立てようとする性質のせいか、相馬夫妻は第二次世界大戦の最中、他の多くの人たちと同じように、戦争そのものに疑問を持つことはなかった。黒光はいつでも、そうせずにはいられないと思う道を選び続ける。選ぶほどに靄は晴れるどころか、より複雑に絡み合い、あたかも黒光自身が自ら靄を造り出したかのように、また新たな選択を迫る。一つの選択に対して、必ず一つの答えが導き出されればいいのに。

しかしどんなに深い靄の中でも、朝が来れば店は開く。店が開けばパンを求めて人が来る。ボースとの交流が中村屋の「純印度式カリー」を、「カリーパン」を生んだ。ロシアとの縁でチョコレートやボルシチを売り出した。新しい商売の種を探して、作って、並べる。

戦後の焼け跡に土地を取り戻し、中村屋は復興した。営業再開の六年後、愛蔵はその頓着しない性格らしくのんびりと息を引き取る。夫の死から一年が経《た》った頃、生涯働き続けた黒光もこの世を去り、初めてと言ってもいい長い長い休暇に出かけたのだった。

# フローレンス・ナイチンゲール

## 辿《たど》り着かないなら、最初から目指すべきではなかったのか？

※当時一般的だった呼称に基き、「看護婦」と表記しています。

到達するべきゴールの存在をはっきりと感じながら、スタートラインに立つことさえできない。ようやくスタートを切り、目指す場所が明瞭になればなるほど、道のりの途方もなさだけが積み上がっていく。走りたいなどと思ったのが間違いだったのだろうか。一生かけて至りたい場所があるという事実に気づかなければよかったのだろうか。そしてゴールではなく走者を見る人はいとも気軽に言う――なんだ、わざわざ自ら願い出ておいて、と。

ナイチンゲール家の令嬢、フローレンスが最初に目指したゴールは労働だった。彼女が生まれた一八二〇年、そして青春時代に至ってもなお、上品な家庭の女性が外に出て働くことは非常識とされていたからだ。常識とされていた振る舞いといえば、親の勧めた家柄に相応《ふさわ》しい相手とそれなりに恋をして、求婚され、結婚し、家政を取り仕切り、身を削らない程度のダンスや詩や芸術を嗜《たしな》み、人が来ればもてなし、親の話に相槌《あいづち》を打ち、子が生まれれば育て、パーティーを主催するか出席するかし、殿方の顔を潰さない程度に知的な会話のお相手をすることが全て。女性たちの望むか望まざるかにかかわらず、それがただ、許された全てだった。

ナイチンゲール家はとても裕福だった。父ウィリアムが叔父から相続した遺産は莫大《ばくだい》で、彼と妻のファニーは何の心配もなく長い新婚旅行を楽しんだ。旅先のイタリア・フィレンツェで生まれた女の子は街の名に因《ちな》んでフローレンスと命名された。同じく新婚旅行中に生まれた姉パーセノピーは、社交界は価値ある世界だという母ファニーの考えに疑問を持たずに育った。同じ社会階級の殆《ほとん》ど全ての女性にとって、それが「普通」だったからだ。ウィリアムは二人の娘に家で歴史や哲学、フランス語やドイツ語、イタリア語、ギリシア語、ラテン語を教えた。ファニーの感覚に照らし合わせると、教えすぎのように思えた。勉強より、ダンスの練習をしなければ女の子は幸せになれないのに。

ナイチンゲール家は夏はイングランド中部のリー・ハースト、冬は南部のエンブリー・パークに建てられた立派な屋敷に滞在し、春にはロンドンのメイフェアで社交に精を出す華やかな日常を送っていたが、当然ながらイギリス国民の全てが同じ暮らしぶりではなかった。産業革命を経て鉄道網が敷かれ、超好景気が過ぎたあとには倒産と解雇と飢饉《ききん》が待っていた。貧富の差はますます拡大し、富める者だけが金を手にし、そうではない人たちは仕事を求めて都市に押し寄せ、路地裏でぎゅうぎゅう詰めになって生活した。大量の下水が川に流れ込み、一八三二年にはコレラが大流行する。コレラの原因は当時、悪臭に満ちた空気、即《すなわ》ち瘴気《しょうき》が原因だと思われていた。

十七歳の年にフローレンスが神の囁《ささや》く声を聞いたという記録は、フローレンス自身が感じていた「何かを成し遂げたい」という渇望と焦燥の強さを推し量る材料になる。フローレンスは、社交界で気品溢《あふ》れる貴婦人だと持《も》て囃《はや》される必要性と重要性が一切理解できなかった。寿命が尽きるまでずっと、何の意味があるのか分からないことに時間をあてがって過ごさなければならないことが、嫌で、嫌で堪《たま》らない。リー・ハーストの屋敷で周辺の村の「貧しい人たち」に奉仕するひとときだけは、唯一やりがいを感じられた。インフルエンザに罹《かか》った村人のために、医師とともに家々を回ったこともあった。祖母や身近な人々、そしてやはり村人たちの病や死に寄り添い立ち会った。

ああ、私がやりたいことは、看護かもしれない。フローレンスは、裕福な人たちが気休めのような慈善活動でやった気になっている様子を欺瞞《ぎまん》でしかないと感じていた。ちょっとしたお金を恵んだり、一日だけ通り一遍の世話をして、自分の良心を満たしても意味がない。教育や生活を抜本的に改善するシステムが必要だ。私は、自分にしかできないと心から信じられる、無理かもしれないけれど苦労してやってのけようと奮い立つようなことに挑戦し、研鑽《けんさん》して、技術を身につけ、情熱と知性をもって身を捧《ささ》げたいのだ。そのために、私はもっと学ばなければならない。

二十代半ばにしてフローレンスが「看護の仕事に就きたい」と言ったとき、屋敷はたいへんな騒動になった。当時のイギリスでは、看護婦とは他に仕事がない「下層階級」の、ときにはアルコール依存症の、他に働くあてがない女性の職で、大抵の場合、患者や医師や医学生と関係を持つものだというイメージがあった。ファニーは我を忘れて怒り、パーセノピーは失神し、フローレンスに勉強を教えてくれたはずのウィリアムでさえ曖昧な後悔を見せるばかり。家族は、思えば娘が数学を学びたがった時点で厳しくとめておけばよかったのかもしれないと悔やんだ。そうすれば、今頃は結婚していただろうに。

フローレンスには、結婚相手の候補が少なからずいた。とりわけ、彼女が二十二歳のときに出会った三十三歳のミルンズという男性は、知的で、「変わり者の」フローレンスとも意気投合し、自身も社会福祉に関心を持つ素敵な人だった。当然のごとくプロポーズされたが、フローレンスは戸惑った。彼は確かに私を愛してくれている。しかしそれは、おそらく私が実現したい私ではない。彼が欲しているのは、一緒に夢に向かって活動し、お互いを高めあう仲間ではなく、自分が夢に向かって活動している間に家を取り仕切ってくれる妻ではないか……。ただそれだけの逡巡《しゅんじゅん》は、例によってこの世の終わりのように家族を動揺させた。貴婦人が、殿方の求婚を断るなんて。少なからず惹《ひ》かれたミルンズが自分を生活の担保者としてしか見做《みな》していなかったことや、結局そのあとすぐに他の女性と結婚したことについて、フローレンスが苦しんだのではないかと想像する人は殆どいなかった。

この世に生まれてから実に三十年の時間が、そのまま過ぎた。三十歳といえばイエス・キリストが家を出た年齢だというのに、私は何をしているのだろう。自分が到達するべきゴールを感じながら、歩き出すことさえ許されない。情熱を持ってはいけない。成長してはいけない。社会と繋《つな》がり、社会の一員として自己実現してはいけない。大きな意味を見《み》出《いだ》せない行為を繰り返して時間を手放し続けなければならない。それなら私のこの人生は何のためにあるのだろう。フローレンスには、女性であるという理由でこんな状況に置かれている原因が分かっていた。男性が構築した社会通念と制度を、女性が習慣と規範として受け入れているからだ、と彼女は思った。相手が巨大すぎて、阻むものが身近すぎて、手立てがなかった。当事者であるはずの女性たちがこのおかしさに目を瞑《つぶ》り、むしろ近しい女性ほどフローレンスを攻撃し排除しようとさえする状況に、彼女は絶望していた。

それでも根気と、「恵まれた」環境と、幸運とをかき集め、フローレンスはチャンスを摑《つか》んだ。

彼女は以前ミルンズのつてで知り合ったブンゼンという人物を通して、社会福祉や看護を学ぶためのカイゼルスヴェルト学園を知っていた。学園へ留学したいと打ち明けたときにはまたしても騒ぎになったが、それはともかく、ナイチンゲール家が裕福だったために、同じくらい裕福なブレスブリッジ家に家族ぐるみでのローマ旅行へ誘われた。そしてそのローマで、イギリスの政治家シドニー・ハーバートと妻のエリザベス・ハーバートと出会ったのだ。彼らの説得の甲斐《かい》あって、三十一歳のフローレンスはカイゼルスヴェルト学園で研修を受けられるようになった。やっと看護の精神を学ぶことができる。何かを成し遂げるために前に進むことができる！

＊

ようやく本格的なスタートを切ったフローレンスは、より具体的になったゴールを前にして、より具体的な課題に直面する。医師の処置そのものだけでは、そして看護婦の慈愛だけでは、患者の回復への過程を支え続けることはできないと彼女は考え始めていた。看護婦は技術を持った上で患者に寄り添わなければならないのではないか。それでは、自分には何ができるだろう？

ゴールのビジョンが見えているのに、霧の中で手探りするようなもどかしさ。しかし葛藤も、苦労も、確かに「前進」だった。時を同じくして、これまで娘が賢くなりすぎたことから目を背けてきた父ウィリアムとも和解できた。前を向けるようになった今、前を向くこと以外に時間を使うのはあまりにも勿体《もったい》無い。神は、この世を苦役に耐える場として私たちに試練を与えているのではない。私たちは、このつらく苦しい世界を神の望む世界に近づけられるよう、情熱と知性をもって切磋琢磨《せっさたくま》しなければならないのだ。それが神から私たちに課せられたことなのだ。

三十三歳、学園を出たフローレンスは、フランスで医療や福祉を視察した。シドニーとエリザベス・ハーバート夫妻はイギリスへ帰ってきたフローレンスに、イギリス国教会の施設である「病める貴婦人のための療養所」の改善と運営を依頼する。仕事は無給だったが、ウィリアムは娘に金銭的援助を惜しまなかった。ここでもゴールが具体的になるほどに、具体的な課題が次々に浮き彫りになった。イギリス国教会以外の信仰を持つ人々をも分け隔てなく施設に受け入れるためには、どうすればいいのだろう？　患者が看護婦を必要としているときにすぐに駆けつけるには？　全ての患者に人間らしい温かい食事を届けるには？

そんなフローレンスに、さらなる「なすべきこと」が現れる。一八五三年、クリミア戦争勃発。ロシアのトルコ侵攻によって火蓋を切られたこの戦争に、イギリスも参戦した。そのときシドニー・ハーバートは陸軍戦時大臣に就任していた。ブルガリアへ上陸したイギリス軍は、ロシア軍にではなく、チフスなどの感染症や、あらゆる采配ミス、兵士の訓練不足、物資不足に早々に苦しめられることになる。ブルガリアにほど近いトルコの、黒海とエーゲ海に挟まれたボスポラス海峡に臨むスクタリ（現在のユスキュダール）という町に、トルコ軍の兵舎だった建物があった。イギリス政府は急遽《きゅうきょ》、この建物を野戦病院に決めた。病院には医師と、それから看護婦が必要だ。シドニーはフローレンスに、看護婦たちを率いてスクタリへ行ってほしいと要請を出した。戦局への不安と不満が、国を守る勇敢な兵士を癒しに行く、慈愛に満ちた女神のキャラクターをイギリス国民にイメージさせ、「ナイチンゲール基金」にはみるみる金が集まった。フローレンスは今日のこの日まで、人のために働くための船出までがとても長かったことを噛《か》み締めていた。

フローレンスがスクタリに着いた時点で、既に病院は満員だった。二千人以上の兵士が三階建ての建屋に詰め込まれ、床に置かれたマットレスにただ横たわっている。兵士は負傷した傷そのものではなく、感染症をはじめとする病気、凍傷、栄養失調、害虫、汚物に苛《さいな》まれていた。しかしフローレンスがスクタリからシドニーへ依頼したものも、そうでな

いものも、物資は何も届かなかった。

鳴り物入りで派遣されたにもかかわらず、フローレンスと三十八人の看護婦は現地であまり歓迎されなかった。「女が何をしに来たんだ」という特に根拠のない反発があり、「看護婦が医師の指図に背いて勝手に差し出がましいことをするな」という特に根拠のないプライドがあり、そして「軍の規律を乱して問題を起こすな」という特に根拠のない圧力があった。

するべきことと、目指すべきことは分かりきっていてもアプローチできない。フローレンスたちに許されたのは、ひとまず患者を人道的に扱うことくらいだった。例えば、手術を衆目に晒《さら》さない。夜に病室の見回りをする。基金や私財を使って食料を調達する。患者の身体《からだ》を清潔にする。院内を掃除する。

数か月のうちに戦局が悪化して負傷者はますます増え、医師たちは必要に駆られ、しぶしぶ看護婦を動員し始める。ようやく直接的な行動に出られるようになると、これからの道のりの途方もなさがより際立った。スクタリの病院では、フローレンスたちが来ようと、来なかろうと、とにかく死は毎日訪れた。患者に適切な処置を施し、寄り添い、人道的な環境で回復させ、生きて国に帰す、それがゴールであることは明らかだというのに、前線であるクリミア半島の病院よりも、スクタリで死に至る人々は多いようだった。

死者の多さとなすすべのなさに、何人かの看護婦がスクタリからクリミアへ移りたいと主張し始めた。しかしスクタリの病院とクリミアの病院は、というよりもフローレンスと他の有力な軍医たちの関係は微妙だった。フローレンスに認められている権限の曖昧さと、軍医たちのプライド、セクショナリズムが問題を複雑にしていた。板挟みになっているうちにも容赦なく日々は過ぎ、日々とともに死者は増えた。

イギリスではシドニーが失脚し、新しく首相になったパーマストン卿《きょう》がフローレンスの後ろ盾に替わった。一八五二年にロンドンでコレラがまたもや大流行し、その頃には感染の原因が実は瘴気ではないのではないかという見解が有力になっていた。

パーマストンのもと、公衆衛生の有識者サザランド医師たちの衛生委員団がスクタリに、マクニール医師とタロック大佐の衛生報告団がクリミアに派遣される。サザランドたちはスクタリの病院の汚物入れを掃除し、水道を手入れし、下水を改善し、害虫駆除を施し、マットレスを間引いた。この改革のあと、病気で亡くなる患者が急激に減った。ようやく「助かる」見込みが増えると、回復への希望は少し見えやすくなった。感染の原因を瘴気とする説を支持していたフローレンスは、サザランドたちの改革のあと、換気の改善を続けた。患者の知的な向上心を満たす手立ても考えた。

一八五五年、クリミアの病院へ視察に訪れたフローレンスは謎の発熱と痛みに襲われ倒れる。病状はしばらくののちに収まったが、この病が根治したわけではないことを彼女はまだ知らなかった。翌一八五六年、不要な戦争と呼ばれたクリミア戦争は、二年という決して長くない期間のうちにフローレンスに多大なる心労と熱病、さらにある大きな苦悩の種を残して終結する。

＊

「分からない」ということは罪になり得る。たとえその時代には「分かりよう」がなかったとしても。そして「分かったかもしれない」世界線を発見し、到達できたかもしれないゴールへの道を結果から逆接的に遡り、自分の歩んだ道がどのように不十分だったかを突き止めることは、ゴールをただ眺めることとは比べ物にならないほど苦しい。

終戦から四か月、全ての患者を退院させたフローレンスは、偽名でイギリスへ帰国した。普通に帰れば大騒ぎになると分かりきっていた。時代を象徴してくれるように見えるキャラクターに傾倒するとき、人は手放しで賞讃する。勇敢だったにもかかわらず見捨てられた瀕死《ひんし》の兵士を、暖かな光を放つランプを掲げて見守る、慈愛に満ちた天使。大半の人々はそんなフローレンスのイメージを信じ、それよりも多少露悪的でいたい人は権限を私物化して横柄な態度を取る天使の裏の顔、というような瑣末《さまつ》なイメージを楽しんだ。世間体を気にし続けたファニーとパーセノピーも、ウィリアムも、娘もしくは妹の「成功」を擽《くすぐ》ったく思った。あらゆる功績がフローレンスのイメージに搭載された。スクタリの病院は「ナイチンゲールの」病院だったから。

戦争が終われば国民の関心はひとところに集まる。結局のところ、「誰が」悲惨な結果を招いたのか？　助かったかもしれない人たちを死に至らしめたのか？　実際には本質的な責任を誰かに負わせることが不可能でも、突き止めないわけにはいかない。政治的思惑と打算が飛び交い、軍と政府とヴィクトリア女王との確執がそれに拍車をかけた。自分たちを告発する文章を歓迎する者はいない。戦地の衛生状態をレポートし、結果的に軍の不手際を指摘したマクニールとタロックは失脚させられた。

フローレンスはといえば、戦時中から一貫して、スクタリでの死亡率を不用意に押し上げたのはまさしく軍の不手際が引き起こした栄養失調や凍傷や過労だと考えていた。軍が保身のためにこの問題から目を背ければ、また同じことが起きるだろう。フローレンスには目指すべきゴールが見えていた。悲惨な事実は、神が人間に試練としてもたらしたものではない。私たちはどうにかして行動を重ね、神が考える世界に向かって生きていかねばならない。医学校で衛生学を専攻したのち戸籍統計に携わったウィリアム・ファー博士が、フローレンスに協力した。マクニールとタロックの報告書とともに、彼女たちは医学的見地に基づいて統計調査を開始した。

しかし導き出された答えは、衝撃に満ちていた。即ち、スクタリに絶え間なく送り込まれた合計二万五千人の兵士のうち、一万六千人以上の命が失われた理由は、軍の不手際だけではなかった。直接的な原因となったのは、スクタリの病院の衛生状態の悪さだったのだ。この頃には感染症がどのように引き起こされるのか、戦時中よりもさらに科学的に明らかになってきていた。

責任というものは、該当者が決められなくても消滅するわけではない。フローレンスがスクタリに到着した時点で、既に感染症は蔓延《はびこ》り、環境は劣悪で、死は横行していた。そんな場所を病院に仕立てた政府、ひいてはシドニーに責任があると言うこともできた。そもそも戦争が始まったことが諸悪の根源でもあった。そしてフローレンスの考えでは、フローレンス自身が自発的に、あまり歓迎されていない他の病院と連携して情報を集め、衛生状態の悪さに気づいて、完璧に改善するという行動を起こさなかったからだと言うこともできたのだ。自発的に気づくべきだった人物のリストから、彼女は自分を外せなかった。彼女が換気によって少なからず感染を軽減させた事実は、自責の念を軽くはしなかった。とにかく誰の目にもはっきりしているのは、人が大勢亡くなった事実、彼らが二度と帰ってはこない事実だった。

一八五六年頃から、フローレンスの身体にはクリミアで発症した熱病が何度もぶり返していた。背中の激痛やひどい倦怠感《けんたいかん》によって寝室に閉じ込められ、さらに再燃していた母と姉との確執を押してファー博士との仕事を続けていたフローレンスは、この調査結果に突き当たった一八五七年の夏、虚脱状態から立ち直れなくなる。

それでもこれまでの半生でそうしてきたように、途方もない道のりへの歩みだけが、唯一彼女ができる行動だった。軍へ感じた憤りは、自分にも感じなければならない。つまり「過ち」を二度と繰り返さず、神の示すゴールへ向かい続けなければならない。断続的な体調不良の合間を縫って、フローレンスは政府に対し、陸軍病院の組織改革と、街の衛生改革を要請した。病室に日光を確保し、換気を確保し、衛生状態を確保し、患者が回復する過程を整える。下水を整備し、各家庭の衛生環境を底上げする。看護婦に口を挟まれた軍と医学界は当然不快に思った。しかしフローレンスがクリミア戦争における自分自身の「過ち」を公《おおやけ》に告発すれば、たとえ彼女の自責通りの批判が市民から返って来なかったとしても影響は計り知れず、軍にとってリスクであることは変わらなかった。

一八六〇年、フローレンスが執筆した『看護覚え書』はベストセラーとなった。この本には看護婦が、そして各家庭でそれと同等の責任を負うことになる人物が、どのように看護を実践するべきかが書かれている。「全ての女性、または殆どの女性が、一生のうち少なくとも一度以上は、子供や病人の健康の責任を負い、看護婦になる」「優れた看護婦は優れた女性でなければならない」というフレーズからは、フローレンスが看護の仕事に

「女性の特性」を活《い》かすことができるし、またそうあるべきだと考えていたことが分かる。男性の作った社会規範を内面化した母と姉から「普通の」女性でない生き方を否定され続けたフローレンスは、「医師が、男性がなるべき職業であるなら」女性はどうやって目的に向かい歩みを進めていけるのか、という問いに答えを出したのかもしれない。とにかく一八六〇年代のイギリスで、家庭内の健康管理は、確かに女性の仕事ということになっていた。そしてそれは女性が情熱と知性を注ぐことを許された、ごく限られた場所であった。

体調は回復せず、フローレンスはその後の人生の多くを寝室で過ごした。サザランドがフローレンスを助け、彼女は寝室から何百通もの手紙を書いて衛生の有識者とやりとりし、ときには育成するべき看護婦たちを寝室に招いた。フローレンスはもうどこへも行かなくても、自分の思い描いたゴールを目指すことができた。「過ち」を克服し続け、開示し続け、この世界を神の示す世界へ変える道のりを、歩み続けることができた。彼女を縛り付けた熱病がブルセラ症だと診断されたのは、死後八十年以上経《た》ったあとだった。当然ながら、その頃には細菌のもたらす影響は、世界中の人間の知るところとなっていた。

# 2 シンボルを背負う

# 崔承喜

## 背負おうとした肩に、背負おうとした以上のものが託されるとき

指先が弧を描くなら、絶対にこの線しかあり得ない。躍動するなら、身体《からだ》はこんな風に地面を弾《はじ》くほかない。スリルのような確信をもたらす位置、角度、スピード、滑らかさ、リズム。全てがしっくりと調和したときにだけ引ける線がある。絵がある。新しい動きを編み出すとはそういうことだ。かつて存在した文法を咀嚼《そしゃく》し、飲み下し、身体の中で消化して、筋肉に宿し直すとはそういうことだ。

この「踊る」という喜びを、崔承喜《さいしょうき》は子供の頃から生業《なりわい》にしようと決意していたわけではない。一九一一年生まれの崔承喜の少女時代、彼女の故郷の朝鮮（日本領朝鮮）では舞踊の魅力と価値はまだ広く正確には認識されていなかった。強固な儒教教育の中、女性が肌を衆目に「晒《さら》す」のははしたない行為で、学校に歌やダンスの授業はあっても、職業としての踊りは酒の席を盛り上げる妓生《キーセン》のものだった。

崔承喜が初めて自分の前途にダンスという選択肢を見出《みいだ》したのは、一九二五年、京城《けいじょう》（現在の韓国・ソウル）で開催された、日本のモダンダンスの先駆者・石井漠《ばく》の公演会場。それまでモダンダンスを観《み》たことがなかった彼女を連れ出したのは、その年に結成されたばかりの朝鮮プロレタリア芸術同盟の発起人でもあった、兄・崔承一《チエスンイル》だった。その頃、崔承喜は少しやけになっていたのかもしれない。彼女が生まれる前年に起きた朝鮮併合を受け、両班《ヤンバン》（特権的な官僚階級）だった家は土地を失い困窮を余儀なくされた。小学校を飛び級するほどの成績を収めたにもかかわらず、女学校からの支援がなければ卒業も危ぶまれた崔承喜の思春期は、手放しで溌剌《はつらつ》としたものにはなりようがなかった。家計を助けるために選ぼうとした教職の道も、年齢制限により足止めを食らっていた。漲《みなぎ》る若さと才覚を注ぎ込む対象だけが見当たらず、探そうともがいている間にも貧窮は迫ってくる。

身体を言語として怒りや苦しみを発露させる石井漠のダンスに触れたのは、そんなときだった。自分が感じているのが怒りや苦しみなのだとまだ明確に自覚する前の崔承喜は、それでもはっきりと心を震わせた。

兄の手回しで漠に弟子入りを直談判《じかだんぱん》し、日本へ行くと言い出した崔承喜に、両親は猛反対する。母親の反対は、若い娘が「妓生のような」道を行くことへの反射的嫌悪感から。父親の反対は、田畑を奪い、家を没落させ、街並みを作り変え、文化を染め変えようとする日本への反発に由来していた。当時、多くの日本人が朝鮮のものは日本のものよりも劣っていると、少なからず、ほんのりと、あるいは露骨に考えていた。そしてその感覚を前提に据えられた朝鮮の人々は、自らもそう信じ込まざるを得なかった。

三年間の期限付きでどうにか両親の許可を得た崔承喜は、十五歳で初めて日本へ降り立つ。幸い、石井漠舞踊研究所の敷地内では、民族の違いを根拠に態度を変えられることはなかった。舞踊芸術に造詣の深くない人々が「崔家は金のために娘をサーカスに売り飛ばした」などと勝手な想像を巡らせているらしいと知った崔承喜は失望し憤慨したが、故郷が無理解で満たされていればいるほど、研究所でやるべきことは、いっそうの研鑽《けんさん》しかなかった。筋肉を鍛え、精神を鍛え、それらを自在に操作する喜び！　人間の道行きを自分の身体で可視化する忘我の心地！　眠る時間さえもどかしかった。

日本での漠の舞台に出演できるようになり、一九二七年についに故郷の京城公演にも参加したとき、それまでは卒業者名簿から崔承喜の名を消そうとさえしていた母校からも声援が送られた。地方巡業に出れば、その土地土地に住まう朝鮮の人々から渇望のような歓迎の眼差《まなざ》しを受けた。朝鮮人女性としての自身が、苦境に立たされる人々の灯火《ともしび》になろうとしていることに、彼女はまだ気づいていなかった。

月日が流れ、両親との約束の期間が過ぎた頃、崔承喜は京城にいた。漠が目を患い研究所の資金繰りが難航し、また漠との間に芸術表現の方向性の違いを感じて、思い悩んだ末に日本を離れたのだった。恩師への裏切りという誹《そし》りを振り払うように、一九二九年の秋の終わり、彼女は「崔承喜舞踊研究所」をオープンする。父や兄も総出で運営を助けた。故郷での初めての公演では、朝鮮の古典舞踊を取り入れた演目も用意した。

しかしまだ十代の研究所長に、踊りと聞いてはやはり妓生を思い浮かべる人々からのスキャンダラスな興味が集中する。いまだ身体を露出していることへのみ寄せられる好奇の視線。受講料が払えない研究生も寄宿舎に受け入れ、生活費を工面する苦労。多くの人々には、どうしたって享楽的な出し物としてしか認識されない現実。同志と舞踊や音楽について の議論を交わせない歯痒《はがゆ》さ。公演は客入りという点では成功したと言えるが、朝鮮の古典舞踊を理解する有識者たちからは苦い評も多かった。

＊

一九三一年の春、倦《う》んだ閉塞感の中で崔承喜が安漠《アンマク》（本名は安弼承《アンスンピル》）と出会ったのは、やはり兄・承一の紹介がきっかけだった。安漠も承一と同じく朝鮮プロレタリア文学に身を投じ、朝鮮独立について憚《はばか》らず意見を言ったがために朝鮮総督府から目をつけられていた。安漠との結婚は崔承喜に、もう若い独身女性としてマスコミに追いかけられずに済む平穏と、これからの朝鮮芸術について熱く議論できる喜び、そして予《かね》て模索していた、朝鮮の文化と逆境をもっと自分の表現の軸に据えるための思考をもたらした。

しかし結婚から半年も経《た》たないうちに、安漠は危機感を募らせた警察に逮捕されてしまう。抑えつけられる朝鮮の人々を描いた崔承喜の演目はいずれも観客を感動させたが、彼女自身も警察に睨《にら》まれるようになり、安漠の釈放後も研究所は立ち行かなくなっていった。さらに妊娠が発覚し、もうこれ以上、ここで踊り続けられないかもしれないという不安が日に日に強くなる。踊れなくなることは、人生をかけてきたものが全て消え去る虚無だ。結局頼る人は、かつて袂《たもと》を分かった恩師・石井漠しかいなかった。

生まれたばかりの長女を連れて日本へ再び降り立ち、夫とともに漠のもとに身を寄せた翌年の一九三四年、念願の日本での発表会が執り行われた。あらゆるものを売り払い、夫婦は資金をかき集めた。迷いながらも、朝鮮の古典舞踊を新解釈したいくつかの演目を採用した。命運をかけた日本青年館での初演が、当日の暴風雨にもかかわらず大成功を収め、川端康成をはじめとする著名人や評論家に高く評価されたとき、崔承喜の一挙手一投足から生まれる波動が広がり始めた。

公演の依頼が続々舞い込む。漠は一度自分を捨てて戻ってきた愛弟子《まなでし》の再びの独立を、ある種複雑な心情と消し去り難い愛情のもと許可した。夫の安漠は文学の志を捨て、崔承喜のマネージャーとして生きることを身を切るように決意した。安漠とともに、朝鮮の古典舞踊を近代的な作品に昇華させる。そのための練習、練習、練習。公演。練習、公演、練習、練習、公演。白粉《おしろい》や化粧品、歯磨き粉、ありとあらゆる広告が彼女をモデルとして欲しがった。一九三六年に公開された主演映画は映画評論の評価の低さをものともせず、四年間上映し続けられた。映画のタイトルは『半島の舞姫』。

踊る。うねる。熱狂が波になる。音楽、身体。指先の動きまでが厳密な波となり、世界に伝播《でんぱ》して波紋を描く。

崔承喜の踊りの中に、人々はめいめい自分の好きなものを見ていた。

日本の人々は「日本としての」朝鮮の文化を誇らしく思い、また「日本ではなかった」朝鮮の文化を温存する自国の懐の深さをアピールするネタとして価値を見出し、あるいは単に美しさに舌鼓を打った。

朝鮮の人々は日本に矜持《きようじ》を奪われた民族の心の拠《よ》り所《どころ》として同胞を賛美した。一方で生活レベルで失われつつある古典舞踊をモダンに解釈させて連綿と繫《つな》げることそのものの価値よりも、一つ一つの演目の巧拙を挙げて「こんなものは朝鮮らしくもなければモダンでもない」と批判した。

一九三七年に出発した海外公演でサンフランシスコ、ロサンゼルス、ニューヨークを回れば、在米朝鮮人からは日本に肩入れしていると批判され、抗日デモが激化して開催を中止せざるを得ない日もあった。彼女が「コリアンダンサー」と名乗ったらしい、という情報が日本では苦々しく広まった。アメリカからは日本のスパイではないかと疑われた。「日本」としての朝鮮の価値を増幅させる媒介。「朝鮮」としての朝鮮の価値を高め、民族の自尊心を取り戻してくれる救済。ただ若く美しいだけのタレント。朝鮮を日本のものとして印象づける親日主義者。日本に従わず朝鮮を奮い立たせようとする反日主義者。

観客の心を説得し、身体の奥に眠るリズムで高揚に巻き込む。その根幹にはもちろん崔承喜の思い描いた民族的主張が通っていた。しかし彼女が自分の指先で描いた分量をはるかに超えて、意味が水増しされていく。薄められ、あるいは煮詰められて、また彼女に託される。

一九四〇年の終わりに海外公演を終え日本へ戻った崔承喜を待ち受けていたのは、よりいっそうの名声と、警察からの警告であった。「日本らしい」演目の数に比べて、「朝鮮らしい」演目を採用しすぎているというのだ。

第二次世界大戦の真っ只中《ただなか》、朝鮮の古典舞踊を生き残らせ新たな芸術の次元に至るという崔承喜の生涯の目標は、日本の裁量一つで簡単に潰《つい》える状況にあった。崔承喜夫婦は目的を果たすため、なるべく日本政府に歓迎される振る舞いを心がけ、「朝鮮」という言葉

を「東洋」と置き換え、「日本人」として戦線へ慰問公演に出かけるようになった。

この苦肉の策が、終戦後に崔承喜を追い詰めた。

統制と戦火から逃れるため、慰問公演を大義名分に一九四四年に京城へ。京城でも軍の干渉を受け、中国公演を口実に北京で舞踊研究所を再建。終戦の瞬間を彼女は中国で迎える。その頃、夫・安漠は朝鮮独立運動組織に参加するために家を離れていた。

朝鮮舞踊を続けるために日本軍への慰問公演を積極的に行っていた崔承喜は、中国で親日派と判断された。やっとの思いで長男を出産し、米軍が占領する「南部朝鮮」、ソウルになったばかりの京城へ帰り着くも、故郷までもが彼女を親日派だと否定した。朝鮮の希望として期待の視線を向けられ始める第一歩を、かつて京城で踏み出した一九二七年から、十八年が経っていた。

＊

だから中国共産党配下の朝鮮人部隊とともに「北部朝鮮」へ行ったきり姿を消していた安漠が突然帰ってきて、「北へ行こう」と持ちかけたとき、彼女は断り切れなかった。ここにいても、どのみち公演はできそうにない。だめなら帰ってくればよいのだ。しかし一九四六年の夏、越北して面会した金日成《キムイルソン》に「永住するつもりか、観光に来たのか」と問われ、彼女はそのまま北部に留《とど》まらざるを得なくなった。

金日成は世界的な成功を収めた崔承喜が北部朝鮮の人間になることを大いに喜び、惜しみなく支援した。立派な研究所が設立され、安漠も朝鮮文化芸術同盟の要職に就いていた。既に舞踊の才覚を発揮していた長女・安聖姫《アンソンヒ》も研究所に加わった。夫も娘も、家族揃《そろ》って北部朝鮮に貢献する文化人として、崔承喜は手放しの敬意を払われた。北部朝鮮は一九四八年に朝鮮民主主義人民共和国になり、「北朝鮮」と呼ばれ始める。朝鮮古来の舞踊に独自の価値を付加したいという昔から変わらない彼女の夢は、金日成の政治方針にマッチしていた。「崔承喜」が北朝鮮代表として表舞台に出ることには、大いに意味があると判断された。

どのみちまとわりつく制約を振り解《ほど》けないとしても、今度こそ、今度こそ、芸術を完成できる。もう後戻りできないなら、私はここで朝鮮の舞踊をもっと研ぎ澄ませてみせる。自分にはその力があるはずだ。


大韓民国との間で朝鮮戦争が始まったとき、崔承喜はソビエト連邦（当時）での公演の最中だった。帰国早々に、前線慰問へ向かった娘・安聖姫が安否不明となる。おそらく死亡しているだろうという曖昧な訃報が流れ、悲しむ間もなく一九五〇年十月に平壌《ピョンヤン》が陥落。夫婦は北京へ逃れざるを得なかった。中国政府が崔承喜を歓迎したのは政治的思惑からだったが、彼女は舞踊を指導する役職と、研究所の設備を与えられた。とはいえここでの活動も地位も、全て中国政府の裁量ひとつであり、即《すなわ》ち北朝鮮の思惑次第。消息を絶っていた安聖姫と北京で再会した喜びも束《つか》の間に、一九五二年には崔承喜は北朝鮮へ戻されることになった。

戻されたといっても冷遇されたわけではない。再建された研究所は巨大で、彼女が台本を書いたオリジナル作品は、やはり金日成の考えと相性がよかった。安漠も政府の文化分野で権威を振るい、安聖姫はソビエト連邦へ留学しながら各地のコンクールで好成績を残した。母と娘はふたりとも金日成に目をかけられていた。崔承喜の技術と才覚は円熟し、どの公演でも喝采された。舞踊は崔承喜を誰も代われない地位に押し上げ、地位は彼女が制限を忘れて芸術に専念できるあらゆる環境をもたらした。そしてその地位が、彼女の悲願だった再来日公演だけを不可能にした。

にわかに雲行きが怪しくなったのは一九五八年である。安漠に、金日成による「粛清」のカードが突如回ってきたのだ。親しい知人が朝鮮労働党に従わない危険分子と見做《みな》されたことをきっかけに、火の粉が降りかかった。名目はブルジョワおよび修正主義分子。延焼はすぐに崔承喜にも及び、彼女は一転して自己中心的で、拝金主義的で、自分を過大評価し、政府の手柄を横取りし、金日成に逆らおうとした反逆者と認定された。彼女を疎ましく思う人々の意思が水面下で働いたのだ。安聖姫だけが政府の意に沿う振る舞いをアピールして難を逃れたかに見えたが、一九六七年、結局、母娘《おやこ》は投獄された。この日以降、崔承喜の行方が明らかになることはなかった。近年、朝鮮民主主義人民共和国における彼女の名誉が回復し、今では一九六九年に亡くなったという情報が公開されているが、真実かどうかを確かめる術《すべ》はない。

踊りは記録できない。

方法論や台本を書き留めることはできても、映像に焼き付けることはできても、指先から空気が震える瞬間を目のあたりにし、押し寄せる波紋に息をのむ体感は、踊り手がその場からいなくなれば再現できなくなる。そして踊り手本人は、動きをとめるまで客席の顔は判別できないのである。回る。回る。みんな踊っている。猛スピードで何も見えない。私はどこで何を踊っている間に、故郷の輪郭は溶け、「韓国」と「北朝鮮」になっていた。何を舞っているのだろう。

もう誰も、崔承喜に圧倒されることはできない。誰も彼女を探せないからだ。

# エバ・ペロン

## 私の使命が不完全なものだったとしても、それを笑う人は誰も何もしなかった

政治に顧みられないということは、怒りを尊重する必要がない存在だと思われているということである。注意を払わなくても、どうせ何も起こりやしないだろうと舐《な》められているということである。素朴な問いかけを無視し続け、その無視の静けさによって、疑問を口に出そうという気概あるいは発想ごと取り上げようと目論《もくろ》んでいる人が、世界を回しているということである。

一九一九年五月にアルゼンチンの田舎ロス・トルドス村で生まれたエバの幼い怒りは、基本的に、誰にも顧みられなかった。なぜならエバが金持ちの家の生まれではなく、私生児であり、さらに悪いことには「女の子」だったからだ。

視界いっぱいにどこまでも広がる草原の中、村人たちは、エバの母親フアナ・イバルグレンが結婚もしていない男との子を五人も産み、その姓ドゥアルテを名乗っていると笑い

疎んだ。エバが七歳の時に亡くなった父の葬儀で、幼いきょうだいたちは全く歓迎されなかった。

エバの怒りが顧みられなかった理由はもうひとつある。こんな「些末《さまつ》な」怒りを感じている人間は、他にも山ほどいたからだ。怒りを自覚してさえいない人間まで数えると、さらに無数にいたからだ。

当時のアルゼンチンでは男性優位主義が常識として浸透し、女性は男性が所有・保護するものか、揶揄《からか》い遊ぶものに分けられていて、未婚の情婦は当然後者だと見做《みな》された。また、とてつもなく裕福な国と呼ばれながら、その実、少数の上流階級の人々がほぼ全ての富を囲い込み、偶然にも労働者に生まれた人々は、一生涯貧しく生きる他なかった。そんな不公平は、変えられるかもしれないと期待をかけるほど特別なことではなかった。

母フアナだけは、自分たちの憂き目は自分たちに由来するものではなく、不当にもたらされているものだと知っていた。生きる力に長《た》けたフアナは子供たちに誇りの存在を教え、家族に仕事を見つけて、ロス・トルドスよりも多少活気のある町、フニンへ引っ越した。何よりフニンには映画館があった。

エバはそこで女優になるという夢を持った。夢を見出《みいだ》すということを初めて知ったのだ。

「人気歌手のマガルディという男が、エバをフニンから首都ブエノスアイレスへ連れ出した」という記録は朧《おぼろ》げすぎて真相がよく分からないにもかかわらず、後世の大衆は、少女の家出に性的な想像をうきうきと投影した。

一九三五年、十五歳でブエノスアイレスへ到着したとき、エバは野心に燃えていた。だって、生まれ持った運命をただ享受しなければならないなんて、どうかしている。労働者はよく分からないまま死ぬまで貧しい暮らしに甘んじなければならないとか、女はよく分からないまま死ぬまで軽んじられ続けるとか、そんな馬鹿な話を言い渡されてハイそうですかと受け入れられるはずがない。そう、女優の仕事というよすがは見つけたのだから、あとは有名になるだけだ！

それからの数年間、エバがブエノスアイレスで何をしたかというと——燻《くすぶ》っていた。売り込みに駆け回り、小さな小さな端役を得て、エバはいつも飢えていた。彼女の怒りと同じくらい、彼女の仕事もまた顧みられなかった。

舞台で脇役をこなし、いくつかの映画に出演し、連続ラジオドラマの主役を務めるようになったのは二十歳の頃だった。有名映画雑誌の編集長であるカルトゥロビッツ氏をはじめ、エバの恋人は大抵、彼女のキャリアにいい影響を与えた。

エバは野心に溢《あふ》れていた。ある女性がいつ／何のために／誰とセックスしたかが気になって仕方がない人々は、「エバはのし上がるために次から次へと男を乗り換えた」と強調した。そのイメージは後年になって、エバの敵を喜ばせたり、苛立《いらだ》たせたりした。そして、彼女が「なぜそうしなければ生きられない状況にあったのか?」を顧みる人はいなかった。

当時のアルゼンチンには不正選挙が蔓延《はびこ》り、クーデターは珍しいものではなく、そして第二次世界大戦の混乱が全世界を覆っていた。一九四四年一月に起きた地震のためのチャリティーに、エバは逓信《ていしん》大臣インベルト大佐と訪れた。大佐は例に漏れず当時のエバの恋人だとか、だからエバの出演するラジオ番組は逓信大臣の検閲を逃れられるのだとか噂《うわさ》されていた。ラジオはその前年のカスティーリョ大統領失脚のクーデターで大いに役立ち、そのために警戒されていた。国民は数少ない娯楽としてラジオに夢中で、エバは人気のラジオ女優になっていた。

チャリティーで、エバはある男に話しかける。後に彼女が生涯を共にすることになる、フアン・ドミンゴ・ペロン大佐であった。

＊

生きるためにやっとの思いで見つけたようすが何であるかは、見つけた本人にしか分からない。自分ではない誰かのようすがを好奇心で想像することは無遠慮な楽しみとなる。とりわけ、とてつもなく有名な女性の人生のようすがが、けなげな愛や、恐ろしい復讐《ふくしゅう》だと笑うことは、他人にとっては面白おかしいものだろう。

チャリティーのあと、エバとファンは急激に親密になった。野心家のエバは、同じく野心家のファンを夢中にさせた。ファンは地方の牧場出身で、エバより二回り年上。第二次大戦中のイタリアでムッソリーニのファシズムに影響を受け、不正政治に反発する枢軸国派の同志と秘密結社を組織し、カスティーリョ大統領にクーデターを仕掛けた主要人物だった。

エバがファンの家へ乗り込んで十九歳の愛人を追い出したり、そのまま「結婚していないにもかかわらず」ファンと同棲《どうせい》を始めたり、ラジオの仕事をファンに後押しされたり、そのラジオ番組でファンの思想を褒めたたえたり、オンタイムだろうがオフタイムだろうが、正式で格調高く高貴な儀式の場だろうが、もう、とにかく、ファンのいるところどこにでも同席していたりする……という数々の出来事は、軍人たちと彼らの妻、全ての上品な人々をいらいらさせた。一九四四年、ファン・ペロンが副大統領に就任すると、上品な人々は副大統領が情婦と同棲し続け、しかもその「女」が政治方針に口を出していることがいっそう我慢ならなかった。

エバが口を出したのは、ファンが労働者の希望の象徴としてもっと輝くべきだということについてである。一九四三年から労働福祉庁長官も務めていたフアンは、労働組合の改善と抑圧緩和を行い、最低賃金や休暇を制定していた。幼い頃のエバ自身のような地方農村の貧しい人々や、都会に出てきたばかりの頃のエバ自身のような出稼ぎ労働者、母フアナのようなシングルマザーたちは大勢いる。にもかかわらず、彼らは政治的に全く顧みられない、顧みる必要のない勢力だと思われ放置されている。フアン・ペロンだけが彼らを見出し鼓舞することができると、エバは感じていた。

フアンの素晴らしさを人々に知らしめることこそが、自分の使命かもしれない！

一九四五年、遅ればせながらアルゼンチンが枢軸国に宣戦布告すると、イタリアとドイツ――即《すなわ》ちナチス――のファシズムに親しみを感じていたフアン・ペロンへの反発は苛烈になり、さらにエバがフアンの周りに出没し続けていることへの苛立ちが頂点に達した反ペロン派により、十月に軍事クーデターが起きた。副大統領の座を追われたフアンは身柄を拘束され、刑務所へ押し込められたのだ。

エバがラジオでフアンの釈放を呼びかけたためにデモが起きたという都市伝説のようなエピソードが、ペロン派の崇拝と反ペロン派の憎しみの中で語られた。エバの功労かどうかはさておき、とにかく労働者による激しいデモとストライキによってフアンは釈放され、ここにフアンと労働者、即ちデスカミサドス（シャツのない人たち）との絆《きずな》が確立されたのだった。
釈放後、エバとファンが急いで結婚したのは、これから始まる大統領選で余計なゴシップに足を引っ張られないようにするためだ。選挙のための地方演説に、エバは常に同行した。「ラジオ女優をやるような」「女」が、ファンの右腕となり東奔西走する様子を、敵対する人々は嘲笑した。そして翌年にファンが大統領に就任すると、エバ・ペロンは大統領夫人になっていた。

貧しい農村に生まれた私生児だったことをエバは注意深く伏せていたが、元女優というひとりの労働者として、ファンの第一の信奉者として、若く美しく優しいエネルギーの塊として、デスカミサドスと大統領の中間に立ち、彼女は敵と味方の視線を一身に集めていた。

何のポストにも就いていないはずのエバがなぜか工場や会議室に現れ、労働組合の改善の手助けをしたり、人前でスピーチをしたりする。それも美しい宝石とドレスを纏《まと》って！　デスカミサドスたちは元労働者のエバが美しく着飾る姿を、自分たちの地位が向上した先の姿と重ね合わせ温かい夢を抱いた。そして反ペロン派の人々は、いらいらし続けていた。

エバを笑いたくて仕方ない人たちは、貧しかった少女が権力の座につき、規則をはみ出した振る舞いをすることを、どうにか単純化しようとした。エバの生きるためのよすがは、やはり自己顕示欲（女は虚栄心の塊であるはずだ）、民衆からの愛情（女はいつも愛を求めている）、はたまた力を持った人々への復讐心（女は男全般を不当に怨《うら》むものである）だ、としきりに解釈したがった。それが女が追い求めるものの中で一番面白いからだ。

一九四七年六月、エバがフアンの代理という名目で、スペインのフランコ総統との会見を皮切りにヨーロッパ各国の有力者と会って回る視察訪問旅行に出発すると、反ペロン派はこの豪華な旅をまさしく女の自己顕示欲だと囃《はや》し立てた。ヨーロッパで休暇を過ごすアルゼンチンの金持ちに対するエバの憧れはやはり凄《すさ》まじいものだったのだ、と。

しかし、エバ・ペロンが生きるために見出したものの中に、彼女が熱く信じる使命も確かに含まれているという事実は、彼らには覆せなかった。

＊

エバは激しい制裁を片端から執り行った。

例えば、上品な将校夫人たちが取り仕切っていたある慈善団体は、大統領夫人が会長を務めるのが通例だった。しかしエバは会長に任命されなかった。上品な将校夫人とその夫たちはエバと同じ部屋の空気を吸いたくなかったし、存在を認めたくなかったのだ。エバは激昂《げきこう》し、激昂はすぐに夫へと伝わり、政府によって慈善団体は解散させられた。

その代わり、一九四八年にエバは自分の私財と、行き先を潰した政府の助成金を使って、財団を設立した。のちにエバ・ペロン財団と呼ばれるこの組織は、労働者にあらゆるものを支給した。食料品、靴、ミシン、クリスマスケーキ、小切手、家具、家、病院、福祉、サッカーボール、サッカーチーム、シングルマザーのための施設、高齢者介護施設、住むところに困っている若い出稼ぎ女性のための家、孤児院。面会に押し寄せ、つらさを訴えかける人々が求めるものを、エバは惜しみなく配った。人々はエバが現れる場所に殺到し、名前を書いた紙を放り投げ、偶然拾われた紙の差出人は希望するものを与えられた。

財団の資金は、企業や著名人や組合員からやや乱暴な方法で徴収された「寄付金」で賄われていた。エバは帳簿をつけなかった。そんな暇はなかったし、貧しい労働者を救済するのに予算の上限があるなんてナンセンスだった。金は境目なく、見境なく、分け隔てなく使われ、多くの人々を喜ばせ、同時にエバの宝石代にも使われた。

しかし、それまで労働者の食べるものや住む場所、健康な生活や安らかな人生を心配し、行動に移した者はいなかったのである。

一九四七年にフアン・ペロン大統領によってアルゼンチン初の女性参政権が「認められ

た」のも、エバの影響による出来事だ。といっても、エバはフェミニストとして活動していたわけではない。むしろファンを褒めたたえるために、自分をしばしば矮小化《わいしょうか》し、男性の追随者として扱った。この夫婦が女性参政権に積極的だったのは、貧しい労働者から煌《きら》びやかな階級へ飛躍を遂げたエバを自分のサクセスストーリーと重ね合わせて憧れてくれる女性たちが、自然と支持したくなる強い動機づけのための打算かもしれなかった。二年後に設立された「女性ペロン党」のトップには当然エバが就任した。激しいペロン支持、身を粉にするような献身、それでいて党の中で力を持ちすぎない参画がメンバーに求められる女性ペロン党は過酷と言えた。

しかし、それまで女性は参政権どころか、ほとんど人間未満の卑小な、または卑猥《ひわい》な存在としてしか取り扱われてこなかったのだ。

清廉潔白でなければ佞悪醜穢《ねいあくしゅうわい》である。光り輝く聖人でなければ凶悪な犯罪者である。崇拝するべきでなければ抹殺すべきである。そんな簡潔な構造は何の役にも立たなかった。仮にエバが不正に豪遊していたとしても、危険な独裁の片棒を大いに担いでいたとしても、無視され、いないものにされるよりはずっといいと考えるデスカミサドスは無数にいた。それはつまり、これまで顧みられずに生きてきた人間の数だった。

ああ、私のするべきことは、人生の中でなすべき使命は、これなのだろう！　強く求められながら、エバは燃えていたかもしれない。心からそう思える自分を誇りに思ったかもしれない。そして誰もがこの誠実な使命と、その対象であるファンに、自発的に同調するべきだと考えたかもしれない。

＊

全ての国民に、命さえも投げ出してファンに同調することを求めたエバは、同じことを誰よりも自分自身に課した。朝も夜もなく働き続ける間に、病魔がエバの身体《からだ》を蝕《むしば》んでいた。それは彼女の夫が前の妻を亡くしたときと同じく、子宮癌《がん》であった。

日々の業務を優先し、反ペロン派に丸め込まれ長期入院と称して表舞台から引きずり下ろされることを恐れ、何よりも使命のない場所を避け続けるうちに、病状は悪化した。

そしてその間に、ペロン大統領はじりじりと評価を下げ続けていた。第二次世界大戦後の困窮したヨーロッパはアルゼンチンの小麦と牛肉を言い値でいくらでも買った。大統領はその金で工業化を図るつもりだったが、工業化のために都市へ人口が移動し、農業が縮小し、不作続きで国内の小麦と牛肉が不足するという皮肉が起きていた。

それでもみんなが一斉に走り出すような熱狂は冷めず、むしろエバの生命が危険にさらされていると知ったデスカミサドスたちはより強くエバを想《おも》った。アルゼンチンのあちこ

ちの町がエバ・ペロンの名に変えられ、エバを褒めたたえる曲が書かれ歌われた。教科書にはエバの偉業を教える文言が記された。多くの人がエバを聖女だと考えた。求心力は奇妙な渦を巻いていた。

迫る一九五一年の大統領選に向けて、ファンはエバを副大統領に就任させるアイデアを温めていたが、軍の猛反発を受けて諦めざるを得なかった。どのみち、エバにはもうそんな体力はなかった。選挙の前年、デスカミサドスたちの激しいデモがエバを副大統領にするよう求めたが、あらゆる状況とファンの判断により、エバは辞退を余儀なくされた。この辞退は控えめで慎み深く、身の程をわきまえた「女」の模範的な振る舞いとして、エバの聖女性をどういうわけかさらに煽《あお》った。

投票は晩秋に行われた。エバは起き上がれない病床からラジオに語りかけ、ファン・ペロンに投票した。ファンは当然のように圧勝し、再選を果たした。初めて選挙に参加した女性票の多くがペロンに捧《ささ》げられたのだ。この選挙ではペロン派の女性議員候補たちも当選していた。翌年のファンの就任式、エバは三十三キロにまで痩せた身体にコルセットをつけ、厚い服で体格を嵩《かさ》増しし、痛み止めを打って儀式に同席した。

エバが死へと近づくにつれて彼女を惜しむボルテージは上昇し続け、熱が頂点に達したとき——あるいは結果論としてそのときが頂点になり——一九五二年、大統領夫人として政治に奔走した六年間の歴史を終え、エバは使命の中、三十三歳でこの世を去った。遺体はすぐに防腐処理を施された。

錯乱したような悲しみに悶《もだ》える人々と、彼女の死を悪《あ》し様《ざま》に、しかし身の安全のために隠れて喜ぶ人々が犇《ひし》めき合う。国中の花が売り切れる。エバがその聖性を以《もっ》て貧しい人々の病気を治癒したという噂と、エバはスイスに私腹を肥やすための金庫を持っていたという噂が、街を同時に駆け巡った。エバが自ら遺体の防腐処理を望んだという説と、そうではないという説とが風に舞った。

エバの遺体はこのあと、ペロン大統領の失脚と復権とともに、国内外をたらい回しにされることになる。エバは死に至ってもなおペロン派のアイコンとして生気を放ち、彼女を疎む人々の前に再び立ち塞がるだろうことが予測されたからだ。遺体は死から二十四年後の一九七六年にようやくアルゼンチンに戻り、今では墓地の地下深く、厳重に埋葬されている。

どれだけ叫んでも顧みられなかった無力な怒りは、誰もとぼけられないものになった。エバは今や、彼女を無視しようと躍起になっていた人々をさえ、悠々と無視できるのだ。

# マリー・キュリー

## 疑うこと、疑わないこと

なぜ、こんなことが起きるのだろう?

目の前に突然現れた不可解な現象を観察するとき、その現象のみによって全ての因果の辻褄《つじつま》を合わせようと思考停止することほど、真理から遠ざかる方法はない。現象は独立していない。ほとんどの場合、今目の前で起きている出来事には、その出来事を取り扱ってきた歴史の手つきが連綿と紐《ひも》づけられている。

例えば、マリア・サロメア・スクウォドフスカが五人きょうだいの末っ子として生を享《う》けた、一八六七年のワルシャワでは、ポーランド人は自分の国について話すことも学ぶこともできなかった。言うまでもなく、ポーランドの人々が好んでそんな状況を作り出したわけではない。ウィーン会議で国を分割され、ロシアに圧政を強いられ、「結果的に」引き起こされた事態である。ポーランドの人々は常に監視されながらも、状況を覆そうともがいていた。マリアの父ブワディスワフは科学者への道を時代に阻まれた教師だったが、

ポーランドに関する授業を秘密裏に開催したために、家も仕事も取り上げられた。

国を奪われたポーランド人にとって、カトリックへの信仰は人々の心をひとつにする拠《よ》り所である。にもかかわらずマリアは子供時代に信仰を捨てた。好んでそうしたわけではない。マリアが九歳の年、結核を患う母ブロニスワバに代わって面倒を見てくれた、一番上の姉ゾフィアが亡くなった。家と仕事を失った一家が生活のために自宅で始めた寄宿学校に、学生によって持ち込まれたチフスが原因だった。その二年後に失意の中でブロニスワバまでもが帰らぬ人となった。救ってくれるはずの神への不信感によって「結果的に」引き起こされた棄教だった。


こんな風に、ひとつの出来事はそれが起きるまでのあらゆる背景によって導かれてきたはずなのに、その因果はしばしば見過ごされる。誰かが軽んじられるときには、しばしば「その人物の裁量のみによって、軽んじられるべくして軽んじられている」ことにされる。ポーランド人があらゆる成功から遠ざけられていることも、スクウォドフスカ家が貧困に直面していることも、そしてマリアが女性であることも、本人の落ち度であるかのように見せかけられていた。

ロシア人教師の差別的な視線に耐えながら、一八八三年にギムナジウム（中等学校）を首席で卒業したマリアには、進学するための金もなければ、そもそも進学する場所もなかった。ロシア圧政下のポーランドには、女子学生を受け入れる大学はなかったのだ。

当時、多くのポーランド人は「職業や性別を問わず、全員がロシアに対抗する戦力になるべきだ」と考えた。スクウォドフスカ家の子供たちも例に漏れず、祖国への貢献を志した。母と同名の姉ブロニスワバの学費を賄うために、マリアは十八になる年から家を出て、住み込みの家庭教師の職につく。勤め先の裕福なゾラフスキ家の長男、カジミェシュがマリアに恋をした。それまでマリアに親しみをもって接していたカジミェシュの両親は、息子から結婚を切り出された途端に差別意識を剝《む》き出しにした。カジミェシュは強く押し切ってはくれなかった。そんなゾラフスキ家で、それでもマリアは二年の契約期間が終わるまで、働き続けなければならなかった。

なぜ、こんなことが起きるのだろう？　なぜ私は、こんな風に扱われることになっているのだろう？　自分の持っている力と、摑《つか》みたい未来が、軽んじられ脅かされるとあらかじめ決まっているなんて、全くもって世の中の仕組みが理解できない。いや、噓《うそ》だ。仕組みは簡単に理解できる。その滑稽な仕組みが、誰にも疑われずに罷《まか》り通っている理由がわからないのだ。

＊

一八九一年、マリアはフランスのソルボンヌ（パリ大学）理学部へ飛び込む。マリアからの仕送りで一足先にソルボンヌを出て、パリで医者になったブロニスワバが呼び寄せてくれた。

ああ、ここでなら勉強ができる！　フランス風にマリーと名前を刷新した彼女が、新しい人生を一心不乱に勉学に注《つ》ぎ込んだのだって、生まれ持った勤勉さのみによるものではない。理学部の学生のうち、女子は約一パーセント。新しい知識を得る、ただそれだけの欲望がこれまで許されてこなかったこと、ようやく手に入れた環境はしかし金が底を突くまでというタイムリミットつきであることから「結果的に」がむしゃらにならざるを得なかった。

勉強に集中するために姉の家を出たマリーは、アパルトマンの屋根裏部屋で暖房代わりにありったけの服を着込み、栄養失調で倒れるほどに生活を切り詰めた。物理学の学士号を取得し、研究を請け負う仕事を得たが、収入は少なく実験室も狭すぎた。知人の献身的な働きかけの結果、一人の研究者がマリーに実験室の一角を貸し出してくれるという希望が転がり込んできた。

ピエール・キュリーというその研究者は、子供の頃から変わり者だった。当時既にフランス国外では評価されていたにもかかわらず、名声にも金にも権威にも無頓着。女性は実験を妨げる存在であり、また女性の天才は滅多にいないと信じていたが、八歳年下のマリーを見て、少なくともマリーに対しては考えを改める柔軟さを持ち合わせていた。この人と一緒に科学の世界を突き進めたらどれほど面白いだろう！　そんなことを考えるのは、お互いに初めてだった。恋に落ちたピエールは、勉強を終えたらすぐに帰郷するつもりのマリーに合わせてポーランドへ行ってもいいとさえ言った。マリー自身も、自分は当然ポーランドへ戻り、教師になって国の独立に貢献するものだと思っていた。しかし統制下のポーランドにマリーの就職口はなかった。実験室で出会ってから一年が過ぎた一八九五年の夏、悩みながらピエールのプロポーズに応えた彼女はフランス国籍を取得し、マリー・キュリーとなった。

結婚生活の中で、マリーが彼女自身の人生を尊重されたのは、同じ時代の他の女性研究者に比べて「幸運」だと言える。結婚式の実用的なドレスや、自転車での新婚旅行、何よりも実験を優先する新婚生活に、本気で眉を顰《ひそ》める人はいなかったからだ。ピエールの両親も二人を見守った。義母ソフィーは早くに亡くなったが、義父ウジェーヌは、結婚の二年後に生まれた長女イレーヌの育児も引き受けた。それは確かに、当時の慣習から大きく逸脱しない範囲内での尊重ではあった（家事は基本的にマリーがするものだということを疑う者はいなかった、彼女自身も含めて）が、それでも女性であるという理由でライフワークを露骨に妨げられないことは稀有《けう》だった。

猛スピードで家事を片づけながら、マリーは論文を書き、博士号を取るために動き出す。一八九五年に、ドイツでヴィルヘルム・レントゲンが謎の放射線としてX線を発見した。その翌年にフランスでアンリ・ベクレルが、X線のように外部刺激を与えなくてもウラン化合物からひとりでに放たれる、正体不明の放射線を発見した。新しい分野に踏み出せば、それまでに蓄積された膨大な資料の読み込みに時間を取られずに済む。何より、まだ解明されていない世界の空白はマリーを興奮させた。なぜ、こんなことが起きるのだろう？

ウランの他にもひとりでに放射線を放つ物質がないか探すことから、マリーの実験は始まった。実験にはピエールとその兄が開発した電気計が大いに役立った。マリーはひとりでに放射線を放つことを確かめた物質たちの、その性質を「放射能」と呼び始める。放射能は原子そのものの（現在の科学的常識では原子核の）特性であることを発見し、ピッチブレンドというウランを含む鉱石に、ウランよりも強い放射能を持つ何らかの元素が含まれていることも突き止めた。突き止めた、という簡単な五文字は、実際にはひたすら石を砕き、灼熱《しゃくねつ》の鍋で煮詰めて分離させる重労働と、無数の地道な実験の結果である。一八九八年にはピエールも、自分の実験をひとまず取りやめてマリーのプロジェクトに本格的に参加するようになった。

その年の夏、夫婦は一緒に論文を書く。ピッチブレンドから新しく発見された元素を、ポーランドにちなんでポロニウムと名付けた。ただし発見された元素は、ポロニウムの他に、確かにもう一つあるようだった。ポロニウムよりもさらに強い放射能を持つ、ラジウムである。理論上存在することはわかっていても未《いま》だ物質として取り出せていないポロニウムとラジウムを見つけるために、夫婦は実験材料の大量入手に奔走する。オーストリア政府を通してボヘミアの鉱山から、使用済みのピッチブレンドを無料《ただ》同然で譲ってもらえることになったが、輸送費だけでもばかにならない。ピエールの勤め先である物理化学学校から実験のために借りられたのは、ほとんど屋外のような古い小屋。助手の給料を調達するための取引先である化学メーカー探しも、契約も、自分たちで行った。生活費のために夫婦は教職の仕事にも時間を割いた。一九〇〇年、スイスからピエールに教授の椅子を、マリーに教授ほどではないがそれなりのポストを用意するという申し出があり、初めて焦燥を感じたフランスはピエールにソルボンヌ付属校での講師の座を準備した。そして常に一緒に実験を続けてきたマリーには、国からのオファーはなかった。

自分が女性であることによって直面する「なぜこんなことが起きるのだろう?」という不条理は、科学的な「なぜこんなことが起きるのだろう?」という問いかけに応え続けることで払拭されるものだろう、または払拭されるべきだろうとマリーは考えていた。つまり、発見の重要さの前には、発見者本人の情報は意味を持たないと信じていた。そしてまた、「なぜこんなことが起きるのだろう?」という未知への興奮の前には、心配の優先順位を後回しにしていいこともある、と考えていたかもしれない。

一九〇二年、彼女たちはついにラジウムの結晶を取り出すことに成功する。仄《ほの》かに放たれる青い光は、妖精のようだった。この頃から、マリーとピエールが体調を崩す出来事が重なった。娘の科学への貢献を応援しながら心配もしていたブワディスワフが亡くなり、父親の最期に間に合わなかったマリーの落胆は大きかった。科学アカデミー会員になるように知人たちに強く勧められたピエールは乗り気でないながら立候補し、しぶしぶ選挙活動を行ったものの、落選してしまう。翌一九〇三年にはマリーは流産に至り、深刻な精神状態に陥る。ピエールのリウマチも日に日に悪くなっていった。

夫婦の体調不良がどこからが過労で、どこからが心労で、どこからがラジウムによるものなのかは明確には分けられない。ピエールは不安だったが、マリーは仕事の手をとめる気はなかった。ピエールもまた、放射線が身体《からだ》の組織に及ぼす影響を自らの肉体で実験し、腕にラジウムで火傷《やけど》を作った。細胞を破壊して火傷を作ることができるなら、病気の治療に活《い》かすこともできるのではないか。ラジウムへの期待が高まるにつれ、夫婦は有名になっていった。

一九〇三年の終わりに、マリーとピエール、アンリ・ベクレルにノーベル物理学賞が授与された。どういうわけか、マリーは最初は賞の候補に含まれてさえいなかった。周囲の人々の働きかけと、ピエールが自分一人なら辞退すると「言ってくれた」ことで、「キュリー夫人」はようやく候補に挙げられた。ノーベル賞を受賞した女性はマリー・キュリーが初めてだった。

「ポーランドからフランスへ学びに来た貧しい移民が、屋根裏の貧乏暮らしを経験し、優しく偉大な夫の愛を得て、万病に効くラジウムを発見した。しかも、なかなか美しい女！」こんなストーリーはダイナミズムをもって浸透する。ひっきりなしにアポイントメントが申し入れられ、マスコミが追い回す。ノーベル賞は夫婦の知名度を高め、落ち着いた時間を奪い、そして生活と実験のための賞金をもたらした。ただし二人で一人分の賞金を。

受賞の翌年、ソルボンヌはようやくピエールを教授に迎えた。マリーは教授ではなくピエールの実験室の主任に任命され、ソルボンヌ初の「給料を受け取った女性」となった。さらに翌年、ピエールはかつて落選した科学アカデミーの会員となった。

＊

次女エーヴが生まれ、マリーは女学校の教職と実験と家事に、ピエールは大学の講義と実験に走り回っていた。ラジウムはフィーバーを巻き起こし、飲料水や食品や雑貨、化粧品やヘアトニックにも希釈されて混ぜられ、あるいは何も混ぜられていないニセモノが出回った。ラジウム精製の特許を取得していなかった夫婦が莫大《ばくだい》な富を得ることはなかったが、いくつかの契約で生活と実験資金は随分確保できるようになっていた。一九〇五年、ノーベル賞受賞者としてのピエールのスピーチがストックホルムで行われた。マリーにはスピーチの依頼はなく、夫が妻の功労をスピーチで何度もアピールするのを客席で聞いていた。拍手するマリーの手は、ラジウムによる火傷で荒れ果てていた。

一九〇六年四月、事故は突然起きた。雨の夕方、ピエールが荷馬車に轢《ひ》かれ、何の前触れもなく亡くなったのだ。本当は前触れはあったのかもしれない。彼はラジウムによって歩行が困難になり、視力も低下していた。しかし愛する人を失ったとき、その因果がその人とこれまで共に生きた証《あかし》の中にあるなんて、誰が考えたいだろう。「なぜこんなことが起きたのだろう?」と考えるにはあまりにつらいこと、考えても意味がないことがあるのを、マリーは知りたくもない方法で知った。そもそも考える気力など湧きそうにもない。ラジウムの有害性を見直すには、人々の悲しみはあまりに深かった。

死の翌月、これまでマリーに注意を向けなかったソルボンヌが、ピエールの授業と実験室をマリーに引き継いでもらおうと考えた。ソルボンヌ始まって以来の女性教授が、夫の死によって「結果的に」誕生した。マリーはピエールの授業の続きを話し、夫の功績を確固たるものにすることに奔走し、『放射能概論』を出版する。ラジウム放射能の国際基準単位は「キュリー」に定められた。

科学界は、このなぜだかわからないがしゃしゃり出てくる女性科学者についていい加減腹に据えかねていた。その苛立《いらだ》ちは、マリーが科学アカデミーの会員に立候補したことでさらに加速する。明らかに功績が見劣りする対立候補はカトリック信者で、フランス人で、そして男性だった。「科学」アカデミーはその名に反して、あまり科学的にものを考えられないようだった。アカデミーの制服が男性のみを想定したデザインであることは、マリーを落とす充分な理由になると彼らは信じていた。……だいたい、功績といったって、女性にできることは男性パートナーの助手程度に決まっている。どうせ重要なことはピエールが考え、夫人は実験の手伝いや肉体労働を担ったに過ぎないだろう！「なぜ女性が冷遇されるなんてことが起きるのだろう？」という問いかけに、彼らは「女性自身の裁量によって」と答えられると考えていた。「結果的に」マリーは、立派な科学アカデミーから落選させられたのである。

「女性自身の裁量によって」と答えたがっている者は科学アカデミーだけではない。その頃、マリーをこき下ろしたいと思っていたマスコミは、マリーのスキャンダルに狙いを定めていた。ピエールの教え子、ポール・ランジュバンとの恋。ポールはフランス人で、男性で、年下で、そして既婚者だった。彼らの恋を誰もが面白がった。マリーがピエールを失ってどれほどの苦痛に晒《さら》されたかには、そうしてどうにかこうにか人間味のある人生に戻ってこられたという悲劇の中のちょっとした幸運には、誰もあまり興味を持たなかった。

人々のイメージの中でマリーは既婚者を誘惑した悪婦だったし、ポールの妻ジャンヌは科学者を生活のために働かせようとする理解のない悪婦だった（マリーでさえそう認識した）。ソルボンヌはマリーを辞職させるかどうかを真剣に議論した。そして不倫という行為の罪そのものからポールだけが切り離され、男性らしい、憎めない悪ふざけとして見逃された。「なぜこんなことが起きたのか?」は、マリーの過失のみによって説明できるものではなかったのに。

騒ぎの中で、マリーに二度目のノーベル賞が授与された。今度は化学賞である。授賞式に出ないほうがいいという助言が飛び交ったが、マリーはなぜそうしなければならないのか理解できなかった。今度はマリー自身がスピーチをする番だった。マリーは夫が尊重してくれたように、自分と彼の功績を分けて説明し、二人がどのように協力したかを話した。フランスはマリーを「フランス人男性を堕落させた外国人女」、または「世界に誇る功績を残したフランス人女性科学者」と呼んだ。

第一次世界大戦が始まると、マスコミはにわかに「偉大なフランス人女性」の方に舵《かじ》を切る。マリーが、当時あまり活用されていなかったX線に着目し、移動して撮影を行える設備を作り、自ら運転免許を取得して車で各地を回り、負傷兵の治療に貢献したからである。十七歳になった長女イレーヌも行脚に参加した。正確な手術によって多くの兵士の命が救われ、誰もがマリーを献身的な女性だと称《たた》えた。そして母と娘は大量のX線に晒されることになる。戦争によって「結果的に」マリーにもたらされたものは愛国者の名誉と、悲願だったポーランドの独立、それからイレーヌという同志だった。

それから、一九三四年に亡くなるまでマリーの体調が良くなることはなかった。目の前に突然現れた不可解な現象を観察するとき、その現象のみによって全ての因果の辻褄を合わせようと思考停止することほど、真理から遠ざかる方法はない。現象は独立していない。彼女は自分の不調がラジウムによるものだとは絶対に断言しなかった。イレーヌは母の死後、人工放射能の研究によってノーベル化学賞を受賞した史上二人目の女性となったが、どういうわけか夫が入会を許された科学アカデミーに撥《は》ねのけられた。「なぜ、こんなことが起きるのだろう?」それを突き止めるために、イレーヌはその後二度も立候補を続けている。目の前のひとつの現象を疑い、一方で別の現象を疑わないことは、世界のある部分を信じきり、一方である部分から目を背けることだ。マリーの持ち物からは今でも放射線が計測され、彼女が疑ったものと疑わなかったものを示している。

# ワンガリ・マータイ

## あらゆる理由が連鎖しているという事実は深い絶望でもあり、唯一の希望でもある

自分を包む環境に抗《あらが》うことは、生まれた時代に抗うことである。身体《からだ》に、部屋に、家に、村に、国に、あらゆるもののあり方に作用し、一秒も休ませることなく翻弄する世界そのものに抗うことである。

抵抗しようとするこの瞬間にも腹は減り、金は尽き、日は暮れ、手は荒れ、目の前の生活に取り掛からなければならない。空気の隅々まで行き渡っている苦々しさに顔を顰《しか》めながらも、呼吸は続けなければならない。誹《そし》られながらもその場所に留《とど》まらなければならない。

ワンガリ・マータイが生まれた一九四〇年のケニアでは、殆《ほとん》どの人々は環境に、時代に、個々人で手向かう余力を持っていなかった。十九世紀の終わりにヨーロッパ諸国がアフリカに進出し、土地が分割され、ケニアがイギリス領になってからというもの、無遠慮に区

切られた四十以上の民族と民族、土地と土地の軋轢《あつれき》に消耗させられていたからだ。知らないうちに決まったルールによって「原住民居留地」へ追い立てられ、培ってきた文化や財産が無効化される。通貨の使用を強いられ、稼ぐための労働を余儀なくされる。ワンガリの父ンジュギ・ムタも、家を空けてイギリス人入植者の農場で働いていた。

環境と時代の大きなうねりはワンガリの子供時代にも覆《おお》い被《かぶ》さり、彼女はその中でいくつかの良い偶然を持っていた。

環境についての偶然は、両親が女の子への教育を無意味だと思っていなかったことだ。ワンガリは六人の兄妹《きょうだい》の長女で、その肩書きは当時「第二の母親」と同じ意味を持っていた。それでも兄はなぜ彼女が学校に行っていないのかを不思議がり、母ワンジル・キビチョはその不思議さを受け入れ、ワンガリは八歳で小学校へ通い始める。

時代についての偶然は、ケニアの内政が乱れる前に中学校へ進学できたこと、そしてケニア独立前夜の時代に高校を卒業できたことだ。

一九五二年、第二次世界大戦でイギリス軍として戦ったにもかかわらず補償も褒賞もなかったケニアの兵士たちは憤り、土地自由軍を結成して闘争を始めた。マウマウ団の乱と呼ばれるこの闘争と混乱は約七年続く。小学校で優秀な成績を収めたワンガリは闘争の前年、滑り込むように中学校へ進んでいた。もし数年遅ければ、彼女の年下のきょうだいたちのように勉強を諦めざるを得なかっただろう。ケニアは大きな局面を迎え、全ての人々はその影響下にあった。

反英感情が強まる中、雇い主のイギリス人ネイランと良好な関係を築いていたンジュギは、親戚から敵視される。一方ワンジルはイギリスによって非常時村落という名の強制隔離地域に住まわされた。母と父の伝言係を担っていたワンガリまでもが意図的な間違いから収容所に入れられてしまう。彼女を収容所から救出したのはおそらく、ネイランの口添えだった。

一九五六年に指導者が処刑され、闘争はひとまず収束したことになった。処刑の年、ワンガリは高校生になっていた。ナイロビ郊外のカトリック女子校では、殆どの生徒が看護師か教師の道を選ぶ。しかしワンガリは勉強を続けたかった。

時勢がワンガリに押し寄せ、突風が吹きつけた。ケニア独立の機運が高まり、今後の国政を担う若者の教育に関心が寄せられる中、アメリカでケネディ上院議員が留学の援助を取り仕切る「ケネディ・エアリフト・プログラム」が始動する。カトリック校をトップの成績で卒業したばかりのワンガリがプログラムに呼ばれるのは必然だった。

＊

一九六〇年の秋、ケネディ・エアリフト・プログラムでカンザス州のマウント・セント・スコラスティカ大学へ足を踏み入れたワンガリは初めて外からケニアを眺め、自分が正しく理解していなかった事実や、あるいは意図的に知らされなかった事実が無数にあると気づく。

ワンガリはある意味でとても「幸運」だったと言える。小学校だけでなく、大学まで通うことができた。ネイランはンジュギに親切で、まるで友人として気心が知れているかのようだった。実際には彼らは単なる友人にはなり得ず、ネイランの家族はワンガリの家族と全く異なる暮らしを送っていた。中学や高校ではワンガリは高い教育を受け、完璧に英語を話せるようになった。善意による教育の一環として、母国語を使った生徒は罰として特別なバッジをつけさせられた。カトリックの寄宿舎でマウマウ団の脅威から守られながら、闘争の理由はかたく伏せられ、少女たちは彼らを単なるテロリストだと信じて、一刻も早い逮捕をただ願うしかなかった。収容所では自分だけがあっさりと釈放された。留学のため初めて訪れたアメリカでは「一度しか」露骨な黒人差別に遭わなかった。

そしてそれらの「幸運」が幸運であることは、ケニアの中にも外にも、差別が確かにあるということだった。

ケニアのシスターの教えでは禁忌だったことが、アメリカでは何の問題もないことにも衝撃を受けた。信仰ですら、いや、信仰だからこそ、持つ人によって全く変わってしまう。自分がケニアで触れてきたカトリックの教えが絶対的なものではないらしいということをワンガリは初めて体感した。

とはいえカトリックはワンガリの心の支えであり続けた。ヨーロッパから遠いケニアに来て献身的に生徒たちを指導してくれた母校のシスターのように、自分もケニアに良きものをもたらそう。ケニアのために勉強しよう。折しも一九六三年、ケニアはついに独立を迎える。きっと私は故郷のために、どんな難しいことだってできるだろう！

ケネディ大統領の暗殺、ベトナム戦争の混乱の中、理学士号を取得したワンガリはペンシルバニア州の大学院で発生学や組織学を学ぶ。この経験はケニアの農業の発展に役立つはずだ。ナイロビ大学の動物学研究室から採用通知を受け取ったワンガリは奮い立った。

ワンガリがケニアについて考えているとき、ナイロビ大学の方でもワンガリのことを考えていた——疎ましい、と。帰国した彼女を待っていたのは「採用などしていない」という教授の一方的な拒絶。ワンガリが就くはずだったポストを与えられた人物は、教授と同じ民族出身だった。ワンガリがケニアで最も多いキクユ族であること、そして女性であることが、教授に嘘《うそ》をつかせた「原因」だった。

アメリカで洋々と広がっていた前途が、急速に収縮していく。ようやく国家が独立したのに、そして私は確実にここで能力を発揮できるのに。これが、私が役立ちたいと願うケニアからの返答なのだろうか？

親戚の手助けで同じナイロビ大学の獣医学部の助手に就いたワンガリは、一九六九年、五歳年上の同じキクユ族の男性、ムワンギ・マタイと結婚する。ムワンギは独立後二回目の国会議員選挙に出馬しようとしていた。大学で論文を書き、授業をしなければならないにもかかわらず、そして妊娠しているにもかかわらず、ワンガリは寝ずに夫をサポートしなければならなかった。

ワンガリがケニアを思ってムワンギの選挙活動に奔走しているとき、ケニアの人々はワンガリが「良きアフリカ人女性」なのか、合格点に達する妻なのかを値踏みしていた。あるいは、人々が値踏みしていることを知っていたからこそ、ワンガリは良きアフリカ人女性、合格点に達する妻であろうとした。自分よりも夫を優先させることが、ムワンギの評判に直結するのは明白だった。

また時代の風が強くなっていた。当時のケニヤッタ大統領はキクユ族。キクユ族が指導者である以上、キクユ族が優遇されるのだと、あらゆる立場の人が考えていた。一九六九年にルオ族の政治家ムボヤがキクユ族の男性によって暗殺されると、民族の対立は一層激しくなる。ケニヤッタ大統領による一党制が敷かれ、ケニアは事実上、二十三年間続く独裁政治に突入した。ケニヤッタ大統領は人気が高く、ケニアの経済は大いに発展した。しかし輸出産業のためにコーヒーや茶が栽培され、在来種の植物が伐採されたせいで、農村部の肥沃な土地はやせ始めていた。

一九七一年、牛の研究で博士課程を修了し、ワンガリは東・中央アフリカの女性として初めて博士号を取得する。しかし誰もこのニュースに見向きもしなかった。人々には、ニュースを受け入れる準備ができていなかったのだ。

研究のためにナイロビ郊外を調査していたワンガリは、ふと農村部の枯渇に気づき始める。起きている現象には必ず理由がある。伐採によって地面が崩れ、土が流れ落ち、干上がる。水がないので遠くまで集めに行かなければならない。輸出用のコーヒーを育てる大農場が増え、食べ物を作る土地が削減される。薪も食糧も時間もないため、炭水化物の加工食品を食べる。栄養が著しく偏り病気になる者が続出する。全て繫《つな》がっている。そして薪や水を集めるのは、大抵、女性の仕事であった。

前回の選挙で落選したムワンギは一九七四年に再出馬し、ワンガリは三人の子供と大学の仕事を抱えながらまた献身的に夫を助けた。ムワンギは当選のためなら「雇用を生む」という無茶な公約を発表し、実現しなくてもいいと考えていた。ワンガリには彼の見通しが理解できなかった。約束を反故《ほご》にされた人は絶対に忘れない。農村の枯渇を、雇用の約束を、女性の地位の低さを解決する方法はこの世のどこにもないのだろうか。原因があるなら、打開策もあるのではないか。

ワンガリが思いついたのは、苗木を育て、木を植える仕事を作るというアイデアだった。

＊

しかし計画は早々に難航する。ワンガリが始めた植樹事業に国の森林官は案外親身になってくれたが、貧しい人々はとにかくすぐに日当が支払われる仕事を必要としていた。うまくいかないのは、個人の努力で全てを賄おうとしているからだと思い至ったのは、ワンガリが一九七六年のバンクーバー国連人間居住会議に出席した頃だった。一人で無理なら、みんなでやればいいいんじゃないか！　ケニア全国女性評議会のメンバーになったワンガリは、寄付を募り評議会の活動として木を植え始める。みんなでやるのだから、スローガンは「セーブ・ザ・ランド・ハランベー（「ハランベー」はスワヒリ語で「みんなの力を合わせる」の意）」だ。これがグリーンベルト運動の始まりとなった。

苗木を確保し、資金をうまく循環させ、運動を維持するために、全国の女性団体に参加を呼び掛けた。一九七〇年代は女性運動があちこちで興り、環境への関心が急速に高まっていた時代だった。時勢の風がまた吹き始める。

もちろんうまくいくことばかりではなかった。女性団体に植樹の講習に来たはずの森林官は、専門知識のない女性たちに木を育てるのは不可能だと否定的だった。しかし——素朴な疑問なのだが――女性たちには難しい知識を新たに身につける素地がないのだろうか？　ほんとうに？　そもそも、女性たちが普段やっていた、生活のための仕事は？　あれは農業ではなかったか？

果たして女性たちは、自分たちの経験に基づいて植樹を成功させた。木を植えるごとにお金が支払われるシステムを整えると、それは小さいながらも仕事になった。

ワンガリがケニアについて考えているとき、夫のムワンギはワンガリのことを考えていた――疎ましい、と。地位も名誉も学歴もあり成功もしている女性を、当時のケニア男性は、当然の感覚として歓迎しなかった。離婚を成立させるためにムワンギは妻の不貞をでっち上げ、誰もがそれを信じた。雑誌で反論したワンガリは逮捕されさえした。国連アフリカ経済委員会の仕事でたびたび家を空け、それでも子供たちを食べさせるため働かなければならないワンガリは、子供たちを数年間ムワンギに預けざるを得なかった。それでも、いつかは分かり合えるかもしれないと信じていたのだ。ケニアを思うことで疎外されるだなんて、予想もしなかったのだ。離婚後、夫の姓を名乗ることを拒否されたワンガリは、マタイに「a」を加えてマータイとして生きることに決めた。

一九七八年、亡くなったケニヤッタ大統領の後任にモイ大統領が就任する。モイ大統領

はキクユ族を敵視していた。一九八〇年にキクユ族であるワンガリがケニア全国女性評議会の議長になると、政府からの圧力は急激に強まった。

ワンガリがケニアについて考えているとき、政府はワンガリのことを考えていた——疎ましい、と。彼らはワンガリに一切の活動を停止してほしかった。圧力を根本的に解決したいと思ったワンガリは、一九八二年、国会議員の選挙に出馬する。大学の職員が選挙に参加するためには、一度仕事を辞めなければならない決まりがあった。しかしワンガリを煙たがっているのは国であり、ナイロビ大学は国立だった。立候補を不当に撥《は》ねのけられ、辞職した翌日には大学でのワンガリのポストは即座に埋められていた。国に挟み撃ちにされたのだ。職員用住居を追い出され、家も仕事も没収された。

何もなくなったワンガリは、グリーンベルト運動に本腰を入れようと決意する。そんな折、国連女性開発基金（ＵＮＩＦＥＭ）への助成金申請が受理され、政府の思惑にはむしろ逆行していった。彼女の活動が世界各国から注目されればされるほど、独裁が加速したモイ大統領からの風当たりは厳しくなり続ける。

一九八九年、政府によるナイロビの広大な公園・ウフルパークの再開発に反対したとき、彼らのワンガリに対する反感は最高潮に沸き上がった。ケニアの森林面積は二〇一〇年の時点で国土のわずか六％である。政府宛ての手紙はもちろん無視されたため、ワンガリはイギリスやアメリカに手紙を書き、外圧をかけるよう依頼する。

地球環境に関する主張をした大体の人がそう思われるように、ワンガリは自分の利権のために活動している守銭奴か、ばかな世間知らずとして扱われた。ワンガリがケニアについて考えているとき、知人たちはワンガリのことを考えていた――関わりたくない、と。荒っぽいモイ大統領に刃向かえばどうなるかは大体想像がつくし、そもそも生きることだけで手いっぱいだ。どうせ希望がないなら、せめて安全だけは確保したい、と。

政府もワンガリのことを考えていた。醜聞を広めて国外からケニアをコントロールしようなんて、植民地時代の再来だ。だいたい、離婚した女の思想など、手抜かりがあるに決まっている。

しかし時勢の風はやはりワンガリを取り巻いて吹きすさんでいた。水面下で鬱積した政権への不満が噴出し、しかもケニアは国際社会での地位を高めなければ立ち回れない状況にあった。結局、再開発計画は頓挫した。

ワンガリがケニアについて考えているとき、政府はもはやワンガリの命を狙ってさえいた。ウフルパークの計画が立ち消えた直後、ワンガリは反逆罪で留置所に拘束された。国内での活動は常に危険を伴い、国外での講演活動が唯一の安全地帯だった。

時勢はときどきワンガリを空高く舞い上げ、またときどき大きな傷をもたらす。一九九七年に周囲の希望で彼女が大統領選に出馬したとき、ケニアではその七年前から民族間で紛争が頻発していた。「ワンガリはキクユ族の利権のみを狙っている」。民意は一転して攻撃に転がった。

ケニアについて考えるという、たったそれだけのことが、なぜこんなにも難しいのだろう。見渡す限り色々な人がいて、彼らがそれぞれに生きて、それぞれに大きな波に乗って、大きなうねりになる。人々が気づかないほど大きなうねりに。だけど子供の頃にわけも分からずもみくちゃにされていた全てのことは、全部繋がっていると今の私は知っている。

二〇〇二年、ほとんど初めてと言ってもいい公平な選挙が行われ、政権が交代した。ワンガリも国会議員に当選した。だからといって全てがあっさりと解決するわけではない。彼女の最後の政治生命としての五年間にも、民族間の諍《いさか》いは勃発し続けていた。土地はいまだ干上がっている。つまり、まだやらなければならないことが無限にあるということだ。二〇〇四年に受賞したノーベル平和賞の賞金の全てをかけて、ワンガリは基金を設立した。

環境と時代は、そこに生まれたあらゆる人生を翻弄し続ける。自分を包み込む世界そのものに抗うことはとても苦しい。しかし環境と時代に逆らうことは、環境と時代に呼ばれ、追い風を吹きかけられることと殆ど同じかもしれない。

二〇一一年、七十一歳で亡くなったワンガリの国葬がウフルパークで取り行われた。その日、ワンガリはケニアについて考え、ケニアはワンガリについて考えていた。

# 3　苦しさを無視させない

# フリーダ・カーロ

## この恐ろしい苦しさの中にいる、いる、確かに私がいる

想像もしなかったつらさや、苦しさや、恐ろしさが突然襲いかかってくる。防ぐことも躱《かわ》すことも忘れることも分かり合うことも望めず、自分だけがそのつらさを受け入れるために変わらなければならない。そんなやるせなさを知らずに生きていく人だっているのに、自分だけが、生きるために変わらなければならない。人々は、きっと目を背けてしまうだろう――視線を逸《そ》らしてやりすごすという選択肢を手のうちに持っている場合には。そして逸らしようがないほど逼迫《ひっぱく》させられている者は、むしろ見つめ続けるだろう。つらさとともに変わりゆく自分、そして変わりようがないからつらいのだと叫んでいる自分を。

フリーダ・カーロが生まれて初めて経験した精神的なつらさは、母親が自分の世話にかかりきりでなかったことだ。メキシコ南部のテワンテペックにルーツを持つ母マティルデは、一九〇七年にメキシコシティ近郊でフリーダを出産した二か月後、すぐに妹クリステ

ィーナを妊娠した。フリーダが生まれて初めて肉体的なつらさを経験したのは、六歳のときだ。急性灰白髄炎が小さなフリーダを九か月もの間、ベッドに縛り付けた。ようやく外に出られるようになったフリーダを待っていたのは、萎縮した足に対する無邪気な嘲笑だった。自分が揶揄《からか》われる理由がフリーダには分からなかった。私の身体《からだ》の「せい」で、私が疎外されるのか？　偶然この身にもたらされたもののせいで？

ドイツからアメリカ大陸へと移り住み、写真家として生計を立てていた父ギリェルモは、姉妹たちのなかで最も利発な子としてフリーダをかわいがった。ギリェルモは足のリハビリのため、さまざまなスポーツを娘に試させた。彼女を都心の進学校へ通わせたのもギリェルモである。一九二二年、メキシコで最も権威のある国立予科高等学校では女子生徒の入学がようやく認められ始めたばかりだった。フリーダはカチュチャスと呼ばれる秀才グループの仲間たちと社会主義的な議論を交わしたり、つまらない授業に激しいいたずらを仕掛けて回ったり、メキシコ革命にちなんで自分の生まれ年を一九一〇年だと偽ったり、グループのメンバーであるアレハンドロと将来を誓い合ったり、医者になるべく勉強したりと、青春に奔走した。足を揶揄われるなどという的外れな屈辱は高校では消え去り、つらさとは決別できたはずだった。

しかし一九二五年の九月、少しの心当たりもない、そして偶然であるがために全く回避しようのない出来事が起きる。アレハンドロと共に乗っていたバスが路面電車に激突するという恐ろしい事故によって、フリーダは全身に、とりわけ腹部から腰にかけてと背骨に大きな怪我を負い、ベッドに何か月も閉じ込められた。マティルデが娘を気遣ってベッドに鏡を設置し、ギリェルモが絵具を運んだ。鏡に映る自分は愛《いと》おしいモチーフとは言い難かったが、描くべきものは他に何もなく、治療の痛みと凶暴な退屈に耐える時間は永遠に感じられた。

芸術には二種類ある。芸術を探して創造された芸術と、駆り立てられた結果として顕現した芸術だ。バス事故で幸いにも軽傷で済んだアレハンドロは、それから二年が経つ頃にはフリーダの寝室から姿を消していた。息子に困難を背負うことから目を逸らしてほしいと願った両親によってヨーロッパへ送られた彼は、翌年には新しい恋を始めていた。

アレハンドロはいない。遠くに行ってしまう。だって、彼は遠くに行けるから。ここに確かにあるのは横たわる身体と、その身体に染み込んだままでいようとする痛みと、過ぎる時間への焦りだけ。私の身体の「せい」で、私が置いていかれるのか？　彼と私が立っていた場所の、ほんの少しの差で降りかかった、何の理由もない、凄《すさ》まじい痛みのせいで？　アレハンドロの隣にいるはずだった私は、いったいどこへ行ったのだろう？　ここにいる私は何者なのだろう？

自分から目を逸らすという選択肢などなかったので、フリーダは刮目《かつもく》した。つらい。苦しい。無視するにはつらすぎるから、見つめるしかない。見つめたものを描くしかない。描いている自分が、ここにいる。

＊

数年の歳月がフリーダを日常生活を送れるまでに回復させたが、痛みはたびたび、前触れなく舞い戻った。医療費が家計に影を落としていた。絵を描き続けたいが、収入が必要だ。フリーダは自分の絵が仕事に結びつくかどうか聞くために、ディエゴ・リベラという壁画家を訪ねた。あるいは、フリーダとディエゴが出会ったのは、イタリア人写真家主催のパーティーだという説もある。その両方が、彼らによって演出されたエピソードだという説もある。

いずれにせよ、ディエゴ・リベラという男をフリーダは前から知っていた。国立予科高等学校に壁画を依頼されていたディエゴに、カチュチャスはときどき苛烈ないたずらを仕掛けていたのだ。そもそもメキシコでディエゴ・リベラを知らない人は多くなかった。壁画家は、メキシコに根ざす主題や表現を壁画に具現化し、民族的な一体感と社会主義への理解を促す政府の運動「メキシコ・ルネサンス」の参加者で、既に名声を積み上げていた。独創的な才能の行き先を模索する若いフリーダは、ディエゴにとって魅力的だった。一九二九年八月、フリーダにとっては初めての、ディエゴにとっては三度目になる結婚式が挙げられた。パーティーではディエゴの前妻がフリーダの足を侮辱し、ディエゴは酔っ払って客と揉《も》め、フリーダは最初の涙を溢《こぼ》した。娘が独身でなくなり医療費を賄うあてができたことに小さな安堵《あんど》を感じていた家族も、ディエゴが無類の女好きであり共産主義者であることに大きな戸惑いを感じ、結婚を手放しでは喜ばなかった。

この結婚が新たなつらさを生み出すと、フリーダは気づいていなかった。彼女の「絵を描く」という行為の根底に、今やディエゴは根ざしていた。メキシコ独自の芸術を背負うディエゴに呼応するべく、フリーダは結婚式でメキシコ風の衣装を纏《まと》い、そのあとはしばしば、母に由来するテワンテペック地方の民族衣装を着た。何百年もの経年に耐えうる堅《けん》牢《ろう》なフレスコ壁画に、フリーダはディエゴの手でモチーフとして描かれた。

絵の中に、私がいる。

フリーダが結婚生活で最初に経験したつらさは、ディエゴとの子供を宿したにもかかわらず、中絶しなければならなかったことだ。医者は出産に希望的な見通しを立てていたが、結局、怪我の後遺症が行く手を阻んだ。

そして二番目に経験したつらさは、ディエゴの悪びれない、際限のない浮気だった。モデルと関係を持つことや、関係を持った女性を描くことや、欲求に駆られるままにセックスに踏み切ることは、どうにも仕方のない、必然的な行為である。それはフリーダへの愛情と相反するわけではない、と夫は考えていた。

ディエゴにはメキシコ政府からも、同時にアメリカの資本家からも壁画の注文が寄せられ、資本家からの発注は夫婦が入党していたメキシコ共産党から離党を通告されるほどだった。一九三〇年、ディエゴの仕事のために夫婦はサンフランシスコへ降り立つ。ディエゴは自分の使命にかかりきりだったので、彼の妻がほとんど知り合いのいないアメリカで二度目の流産に至ったときにも、絵を描いていた。もちろん本当に心配し、心から妻を気遣った。ただし彼はいつでも望んだときにモデルとセックスでき、アトリエに籠もってフリーダの痛みを後回しにできた。しかしフリーダには後回しにするという選択肢などなかった。引き裂かれる心身はフリーダのものだったからだ。無視するには苦しすぎるから、見つめるしかない。見つめたものを描くしかない。そしてフリーダが描くまで、妊娠や出産、女性の肉体に食い込んでくるあらゆる喪失を叫びながら示した作品は、芸術史に存在しなかった。

生きるための行為に欠かせなくなってしまった人と、決別するのは困難だ。肉体を脱ぎ捨てられないように、離れがたさは脱ぎ捨てられない。そして倦《う》んだ疲弊も脱ぎ捨てられない。

ディエゴは、一九三三年にロックフェラーセンターの壁画にレーニンを描いたことがきっかけでアメリカでの仕事の多くを失った。翌年のメキシコへの帰還を、彼はフリーダがメキシコに帰りたがったからだと当て擦《こす》るようになった。そんな風にぎくしゃくしていたって、温かい愛を囁《ささや》く日もあれば、お互いの絵について真摯にアドバイスし合う日もある。メキシコシティ近郊のサン・アンヘルの町には、二人の新居だって建てられた。

しかしディエゴはいつでも自由に、フリーダへの真摯さを忘れられた。具体的にいえば、アトリエに出入りしていたフリーダの妹クリスティーナと関係を持つことが可能だった。フリーダが再び流産を経験し、また足の指を切断しなければならない健康状態でも、ディエゴは目を背けられた。

フリーダには、目を背けるという選択肢などなかった。蔑《ないがし》ろにされるのは自分自身で、軽んじられるのは自分と愛する妹だったからだ。私の妹。ほとんど同じ歳《とし》の、常に一緒に育った私の妹。無視するには恐ろしすぎるから、見つめるしかない。じっと観察して、ぐちゃぐちゃに傷つけられた自分を描くしかない。一九三五年、夫に刺殺されたうえ、「ちょっと刺しただけだ」と言い訳された女性の事件がメキシコでニュースになった。その年にフリーダが描いた、全身をずたずたにされベッドに横たわる裸婦の絵は『ちょっとした刺し傷』と題された。

ディエゴはフリーダを愛していないわけではなかった。芸術のためになくてはならない存在だったし、確かに愛おしく、何よりも心配だった。彼は思いやりに溢《あふ》れていたが、妻を自分の気の向くままに扱うことや、セックスへの欲求をコントロールできないことで自らを追及しようとはしなかった。フリーダがどんなにつらい絵を描いても、ディエゴにとっては改善しようのない、仕方のない、許しを予定したアクシデントだった。ディエゴは自分は許されながら、フリーダには大いに嫉妬した。嫉妬はフリーダが女性と接近しても波立たず、男性が相手のときにだけ吹き荒《すさ》んだ。

例えば、一九三五年にサン・アンヘルの家を出たフリーダの「ちょっとした刺し傷」で殺し尽くされた心が、彫刻家イサム・ノグチとの逢瀬《おうせ》によって癒されていたと知ったディエゴは激昂《げきこう》し、イサムにピストルをちらつかせた。

あるいは、ディエゴは全く「浮気」に気づかないこともあった。一九三七年、ノルウェーに亡命を拒否されたロシアの政治家レフ・トロツキーと妻のナタリアが、ディエゴを頼ってメキシコに上陸した。レフはフリーダの生家に匿《かくま》われ、すぐに二十八歳年下のフリーダに愛情を捧《ささ》げるようになった。フリーダは少なからずディエゴへの復讐《ふくしゅう》心を満たし、自尊心をケアする手段としてレフとロマンスを交わしたが、おそらくディエゴは自分が引き合わせた二人の関係に、ほとんど気づいていなかった。

フリーダは切り開かれた花や果物の絵も描いた。彼女と関係を持ったことがあると言われているジョージア・オキーフは、女が左右対称に芽吹いた花や、濡《ぬ》れた果物を描いたとしても、必ずしも女性器と結びつける必要はないと苛立《いらだ》っている。もしもフリーダが彼女の身体に紐《ひも》づく官能を描き表し、花や果物がそのモチーフに選ばれたとしても、それはフリーダのためだけの官能である。フリーダのためだけの魅力であり、フリーダのためだけの暗示だった。

*

フリーダとレフ・トロツキーが世間体と立場を考慮して冷静に破局を選んだあとにも、このロマンスは結果的にフリーダの画業を後押しした。メキシコを訪れたシュルレアリスムの創始者で文学者のアンドレ・ブルトンは、レフの書斎でフリーダの絵を見た。ディエゴはフリーダが絵で具現化する苦しみの殆《ほとん》どの原因だったが、フリーダの作品が生み出されることを喜び、美術界と美術市場に彼女を作家として推していった。フリーダの絵はギャラリーに展示され始め、一九三八年にはニューヨーク、翌年にはパリで初めての個展が開かれた。

人々はようやくフリーダの痛みに視線を引きつけられ、逸らさずに見つめることになった。そこでようやく彼女の痛みを「発見」した。絵が売れて、収入が生まれた。これまで自分の医療費をディエゴに支払われている事実に苦しんでいたフリーダは嬉《うれ》しかった。ニ

ューヨークでは写真家のニコラス・ムライを始め、ディエゴ以外の人々と恋愛もした。それでもディエゴが恋しかった。ディエゴは本当にフリーダを応援し、絶対にパリでの個展の機会を逃さないように、幸福を摑《つか》もうと前向きになるようにと助言し、愛情深い手紙を書き、たくさんの推薦状を書いて個展の成功に奔走し、そして自由に浮気をした。

一九三九年にフリーダが描いた『ドロシー・ヘイルの自殺』は大いに物議を醸した作品である。前年にビルから飛び降りた女優、ドロシー・ヘイルを追悼するために注文されたものであったが、フリーダは地面に激突するドロシーをつぶさに描いた。追悼という場に適した仕上がりでないのは明らかだった。しかし——そう——実際に、ドロシー・ヘイルは苦しんでいたはずなのだ。だから死に至らざるを得なかったのだ。その苦しみを、どうやって隠せというのだろう？　取り繕えるくらいなら、この追悼画はたった今、描かれる必要さえなかったのに。

フリーダの作品がシュルレアリスムに分類されることはよくあるが、当の本人はフランスで整備されたこの主義に馴染《なじ》めなかった。無意識の中に本質を探し、人間のあり方を探るために偶然を活用する思考実験は、フリーダの切羽詰まった現実と、あまりにかけ離れていたかもしれない。フリーダは絵を描くために現実を受け入れているのではなく、受け入れがたい現実を生きるために絵を描いていた。

フリーダがパリから帰った一九三九年、ディエゴは離婚を切り出す。彼はフリーダの独り立ちを温かく祝福し、そしてやはり気兼ねなく新しい女性と関係を持ち、苦悩から離れようとした。

フリーダには、苦悩から離れるという選択肢などなかった。置いていかれた心身はフリーダのものだったからだ。体調は悪化の一途をたどり、その苦痛に満ちた肉体が確かにここにあり、現実そのものであると突きつけた。無視するには痛すぎるから、見つめるしかない。見つめたものを描くしかない。描くほどに、芸術家としての名声は確実なものになっていった。

見かねたフリーダの主治医の取り計らいによって、離婚の一年後、二人は再婚する。離れたくて、視界から葬り去りたくて堪《たま》らなくても、離れれば生命が立ち行かないのだ。それはディエゴにも言えることだった。再婚にあたり、フリーダは生活費や治療費を自分で支払うこと、もう性的な関係を結ばないことを要求する。多くの女性の一人としてディエゴと向き合うのは我慢ならない。経済的な負い目も感じたくない。ディエゴは親愛の情をもって条件を飲み、そして数人の女性と関係した。二人の間には、もちろん喜びに満ちた時間もあった。一九四二年には夫婦は揃《そろ》って政府の管轄する美術専門学校の教師に任命され、生徒たちの瑞々《みずみず》しい才能はフリーダを溌溂《はつらつ》とさせた。長らく名声を得ていたディエゴと、独りで絵を完成させたフリーダは、同等に指導者だった。

妻から母へと自分を変容させることが、フリーダの苦肉の策だった。ディエゴが何人とセックスしようと問題ないという理論を構築しようとし、彼女の努力は、母親のようにディエゴをかき抱く一枚の絵になった。

絵を描くためには、思い通りの場所に絵具を載せられて、何時間も姿勢を保てる身体が必要だ。しかし肉体の軋《きし》みはだんだん大きくなり、一九四六年、一九五〇年の椎骨の手術も大きな成果を出さなかった。一九五三年に開催されたメキシコでの個展では、フリーダは横たわったままギャラリーへ運ばれた。その年には、壊死《えし》した足を切断しなければならなかった。フリーダの痛みを遠くから眺めていられる人は、ただ作品の質が落ちたと指摘していればよかった。しかし描けないことは、フリーダにとってたった今、この瞬間のつらさを、苦しさを、恐ろしさを、どうにか見つめて過ごす方法を失うことだ。

痛い。痛い。痛い。痛くて筆を動かせない。つらく、苦しく、恐ろしい。

一九五四年に亡くなったフリーダの死因は肺塞栓症と診断された。死の前日、彼女は夫に銀婚式の贈り物を手渡した。残された夫は葬儀で呆然《ぼうぜん》と立ち尽くし、この世の誰よりも悲しみ、自分の心に一番強く存在するのはフリーダだと真心を込めて呟《つぶや》き、翌年、新しい妻を持った。

ネガティブなものや祝福できないものを大っぴらにするべきではないと、咎《とが》める人がいるかもしれない。そう、結局のところ、誰もこの痛みを自分のことにはしないのだ。彼らは置いていけるから。それでも絵は物体である。形を与えられて突きつけられた痛みは、存在感を増幅させ始める。

私は痛い。私は痛い。私は痛い。痛みのために変わらなければならないことがつらい。それでも変わりようがないから苦しい。苦しさがそばにあり続ける日々が恐ろしい。私は、たった今、ここで。

こうして、彼女の痛みから目を逸らすという選択肢は、人々から未来永劫《えいごう》、奪われたのである。

# プーラン・デーヴィー

## 「絶対に許さない」という叫びそのものは、誰にもかき消させない

※性加害や暴力、セカンドレイプに言及している箇所があります。

怒りに由来する乱暴さを突きつけられたとき、人々はいつもその激しさだけを見て「ルールを逸脱した振る舞い」だと考える。反射的に抱いてしまった不快感にぐらつき、「自分はその怒りの発生に全く関与していないにもかかわらず、謂《いわ》れなく脅かされているのだ」と信じる。人生の中で、やむにやまれずルールを逸脱する機会や、苦しみの中でルールを疑ってみる機会がなかった人々は。

プーラン・デーヴィーには、そもそもルールを疑うことが許されていなかった。たとえ疑ってみたとしても、それを根底から覆すことは想像できなかった。彼女がヒンドゥー教のカーストのうち、その外側に置かれた人々を除く四層のヴァルナ（種姓）の「最下層」

であるシュードラの、マッラー（船頭や漁師）の家に、次女として生まれたからだ。
最初にプーランにルールを強いたのは両親である。一九六三年の夏にウッタル・プラデーシュ州でプーランが生まれたとき、両親は落胆した。貧しかったからだ。嫁ぎ先への持参金を用意しなければならない女児、特に二番目以降の子供を歓迎することは、彼らには不可能だった。

父のデヴィディンは異母兄に出し抜かれて財産や家や土地を取り上げられ、意図的に困窮させられていた。異母兄とその息子、つまりプーランの従兄《いとこ》のマイヤディンたちは、デヴィディンをさらに貧しさに追い詰め、土地を取り返すための裁判を続ける気力を失うようにいつも画策していた。デヴィディンは異母兄と違って字が読めず、多くを諦めていたため、でたらめな口約束を気弱に承諾して事態はどんどん悪くなった。

プーランの姉の結婚が決まったとき、マイヤディンはデヴィディンが幼児婚を取り締まる法律に違反していると告発して破談を仕組み、彼に大損をさせた。一九二九年に幼児婚禁止法が成立している以上、告発は正しくはあったが、現代よりもさらに露骨にこの法律が形骸化していた一九七〇年代、マイヤディンが幼い従姉妹《いとこ》を救おうとしたのではないことは明らかだった。その証拠に、彼らが次にプーランに勧めた結婚相手はとうに三十歳を過ぎていて、その時プーランは十一歳だった。父は結婚相手に足元を見られないよう、プーランが処女であることをアピールした。

幼い「花嫁」がせめて初潮を迎えるまでは親元で過ごす慣習をプーランにも適用するようにと母マーラは交渉した。承諾を口実に持参金が百ルピー引き上げられたにもかかわらず、その約束は数か月で破られ、プーランはすぐに夫プティラルのもとへ連行された。「夫」は当然の権利として「妻」の容姿や体型や年齢に腹を立て、性的虐待と暴行を加え、倒れてもなお働かせた。見かねた両親が娘を連れ戻しに行くと夫は違約金を要求した。故郷の村では出戻りは恥と見做《みな》される。

避難のために身を寄せた親戚の家で、既婚者の青年に恋心を寄せられ、十三歳か十四歳だったプーランは「ふしだらな女」と断定された。マイヤディンの友人の弟はプーランを性的暴行しようとして失敗し、プーランの方が誘惑してきたのだと言い張った。マイヤディンは喜んで噂《うわさ》を広め、村人たちは信じた。あらゆる噂が彼女を村から追放する材料となった。送り返されたプティラルの家には新しい妻がいて、彼らはプーランを再び追い出すまで、ひどく働かせ続けた。

誰も、プーランがどう感じるかを気にかけなかった。どうでもよかったからだ。そしてプーランにも、なぜ自分がこんな風に扱われるべきなのか、少しも分からなかった。分かるのは、どうやら自分は生命そのものを軽んじられているらしい、ということだけだった。

二度目に「出戻った」プーランが実家を切り盛りし、土地をめぐる裁判にも的確に口出し始めたとき、マイヤディンは苛立《いらだ》った。土地を持たない農民が貧困の連鎖に陥ることは分かりきっていたので、絶対に叩《たた》き潰したかったのだ。だからデヴィディンの家の大切な木を勝手に切り倒し、抗議したプーランを騒動の犯人として警察に突き出した。警察はマイヤディンを信用した。そして、目の前の少女の尊厳には興味がなかったため、捕まえたプーランに性的暴行を加えた。

母マーラが借金をして二万ルピーの保釈金を工面したが、這《ほ》う這《ほ》うの体《てい》で帰り着いた村は、プーランを拒絶した。みんなプーランが悪いと考えていた。問題が起きるのは彼女に何らかの大きな欠陥があるからだ。そうでなくともカーストの「低い」、しかも「女」なのだから、どこかに悪い点があるに決まっていた。「従順でいられずに夫に愛想を尽かされ、平気で男を誘惑する女」なんて、まともではないに決まっていた。

＊

プーランが留守の間に伯父の家をダコイトが襲った。ダコイトとは、インド各地で強盗や誘拐を行う武装盗賊集団である。プーランの故郷と近隣の州を跨《また》いで広がるチャンバル渓谷でも、多くのダコイトが活動していた。事件の黒幕はもちろんプーランということになり、無実を証明するアリバイは無視された。

明らかにマイヤディンたちの差し金だった。攻撃は収まらず、一九七九年の夏の夜、プーランは家に押し入ってきたダコイトに誘拐された。バブ・シン・グジャールという首領が率いるグループで、首領は当たり前のようにプーランを暴行し始めた。

彼の手下の男がその行為を不快に思い、制止を試みた。男はヴィクラムという名で、プーランと同じマッラーであった。バブ・シン・グジャールの属する階級はマッラーよりも「上」だったので、首領は腹を立てた。二人の男の不和はプーランの扱いを引き金として表面化し、ヴィクラム・マッラーは言い争いの末にバブ・シン・グジャールを撃ち殺した。

新しく首領になったヴィクラムはプーランを連れ歩き、銃の使い方を教え、愛人にし、そして相棒にした。

プーランがヴィクラムのパートナーになったきっかけは、彼が暴行をしないで「いてくれた」からだとも言えるし、彼に従うほかにどうしようもなかったからだとも言える。村ではマイヤディンが、プーランは最初からダコイトの愛人だったのだと吹聴《ふいちょう》して回っていた。家に帰れば逮捕される。そもそも自分の意思でこのジャングルから出るかどうかを自由に選べるはずもない。

選択肢がない隘路《あいろ》のつきあたりに出会いがあり、その稀有《けう》な温かさに希望と愛着を見出《みいだ》すことは、彼女の人生の筋書を美談に仕立てる材料にはならない。同時に、ヴィクラムがプーランに「感情のある人間のように」敬意を払った最初の男性だったという事実を消すこともできない。

ヴィクラムは、プーランが自分と同じ人間であることを知っていた。腹を空《す》かせたり、肉体や精神の痛みを感じたりすることを。存在を疎まれ、財産を没収され、権利を主張しただけで泥棒と呼ばれ、セックスを強要されれば、絶望することを。人生の道を絶たれながらも生きようとのた打ち回っていることを。ヴィクラムはプーランに、自分を守る行為の意味も教えた。嘲笑や嫌がらせを受けたなら、暴力を振るわれ軽んじられたなら、殴り返してライフルを向けていいのだと。

ヴィクラムと共に、プーランはかつての「夫」を襲撃した。自らの手で殴り、骨と歯を折った。殴っているうちに、自分の受けた仕打ちが「ひどいものだった」という実感が湧いてきた。

——ああ、あれは、ひどかったのだ。やっぱりおかしかったのだ。貧しさによって、女である偶然によって奪われ続けなければならないなんて、根底から覆せないルールではなかったのだ。やっぱり、やっぱり、そうだったのだ。最初から疑っていたのに、誰も賛同してくれなかった。こうやって殴らなければ、ひどいと証明することさえできなかった！

プーランはダコイトになって初めて、実は感情のある人間だったという思いがけない秘密を他人に認められた。ダコイトの暮らしはいつも警察に追われ、銃撃戦とともにあり、安寧も安心もなかったが、少なくとも叫ぶことができた。

＊

一年後、そんな生活は突然失われた。ヴィクラムが仲間に裏切られ殺されたのだ。犯人は、ヴィクラムが首領になったときには服役中だったスリ・ラムとララ・ラムの兄弟である。保釈金を払ったのはヴィクラムとプーランだったが、彼らは「上」の層に属するタクール（領主）の階級で、シュードラのマッラーに指図されることが不愉快だった。

スリ・ラムの一味たちは不意を衝《つ》いてヴィクラムを殺したあと、プーランを暴行した。服をはぎ取って歩かせ、殴り倒した。

ヴィクラムがいないということは、プーランが感情のある人間だと気づいている存在が消えたということだった。ひどいと叫ぶことができた初めての世界を破壊されたということだった。

復讐《ふくしゅう》しなければならない。

この怒りを形にしなければならない。

最初からなかったもののように怒りを落ち着かせることはできない。そのための努力をする必要もない。

友人や親戚から命がけの助けを受けながら、プーランはかつてヴィクラムが尊敬していたイスラム教のダコイト、ババ・ムスタクイーンに後ろ盾を求める。彼は同情し前向きに力を貸してくれた。新しい盗賊団を作る必要があった。ムスタクイーンの部下のマン・シンという男と、プーランは新しいグループを立ち上げる。一九八〇年十月、十七歳だった。

マン・シンはプーランに控えめな好意を寄せていて、彼の好意をプーランが断っても激《げき》昂《こう》しないで「いてくれた」。過去のトラウマからセックスや触れ合いを拒むプーランに強要しないで「いてくれた」。考えを言っても遮らず意見を交換「してくれた」。ムスタクイーンとの仲を取り持ち、二人の新たな盗賊団をやりくりし、復讐をサポートしてくれた。プーランを宥《なだ》めてもくれた。

復讐の日々は忙しかった。ヴィクラムの殺害に関わった者、プーランへの暴行に関わった者、ラム兄弟を匿《かくま》った者、ラム兄弟と同じタクール階級の金持ちなどをプーランは襲い、時に暴行を加え、時に人質に取って金や酒を奪った。ラム兄弟の情報を入手すればすぐにその村へ向かった。どんなに小さなヒントでもよかった。

一九八一年二月、ラム兄弟がベヘマイー村に現れるという情報がもたらされた。村を襲ったダコイトの銃口が二十二人のタクール階級の男性たちに向けられ、そのうちの二十人が命を落とした。ベヘマイー村虐殺事件と呼ばれるこの一件の犠牲者は、ラム兄弟とともにプーランに性的暴行を加えた者たちだったとも、そのうちの数人は暴行とは関係のない人だったとも報道された。実行犯がマン・シンとプーランの盗賊団のメンバーだったことは確認されたものの、プーランは直接手を下してはいないことになっている。ある新聞がプーランは黒だと書き立て、別の新聞は白だと報道した。目撃者の村人たちはプーランが現場にいたとも、いなかったとも言った。真実だとも、報復を恐れての虚偽だとも考えられた。

二十二人の家族は自然な心情としてプーランを怨《うら》んだ。プーランはこれまでの経験から自然な心情としてタクール全てを怨んだ。あらゆる恨みが宙に放り投げられ、深く冷え切っていた。タクールの遺族には一万ルピーが支給された。しかしこれまでシュードラ、マッラーの人々がどうなろうと、誰かが何かしてくれたことはなかった。そしていくら支給されても、されなくても、死んだ人間は帰ってこなかった。

根底から覆すことなど想像もできない巨大で複雑な構造が、ただ横たわっていた。プーランの名前は日を追うごとに膨れ上がった。彼女は一向に捕まらず、警察の名誉は地に落ちた。警察や政治家はダコイトと裏で繋《つな》がり、ダコイトの検挙数を確保するために無実の逮捕さえ横行した。カースト間の確執と政治的思惑だけが渓谷に渦巻いた。

＊

プーランが金持ちから金品を奪い、貧しい家に分け与えたというエピソードは今日では神話的な創作だと言われている。それでも彼女を「被差別民の希望」と仰ぐ人は後を絶たず、一方でダコイトを神聖視する風潮の危険なアイコンとして嫌う人も続出した。

一九八三年にプーランが投降したときには、その両方の人々が大挙して押し寄せた。二十歳目前の若者であるはずの彼女は過酷な環境で身体《からだ》を病み、仲間を失い続け、苦渋の選択をしたのだった。故郷のウッタル・プラデーシュ州ではなく、マディヤ・プラデーシュ州の村を選んだのは、そこに信用できる唯一の警察官がいたからだ。この警察官は彼自身も警察内部や近隣の州との政治に急《せ》き立てられながら、それでも自分に敬意を払っているとプーランは判断した。投降に際して彼女が提示した条件は、家族を安全な場所に移すこと、弟を警察官の職に就かせること、仲間を刑務所の中で離れ離れにせず、もちろん殺さないこと、八年で釈放することなどだった。

その要求の半径の短さに反比例して、実際の彼女の周囲は政治、政治、政治に終始していた。村の有力者から敵対する州や組織、果ては国まで、誰もが思惑を持っていた。今や「低い」カーストの象徴となったプーランの一挙手一投足に政治的な意味が上乗せされ、さらに「女」というものに対する無自覚な揶揄《からか》いと嘲笑の習慣が覆いかぶさり、プーランを感情のある人間として慮《おもんぱか》る人はほとんどいなかった。

投降の日、カメラは不躾《ぶしつけ》にシャッターを切り続け、マスコミは彼女の容姿や態度をこき下ろした。仲間たちと同じ牢舎《ろうしゃ》で過ごしたいというプーランの要求を、新聞は彼女が「男の四人と夜を共に過ごしたがっている」と書いた。

報道を信じ、ふしだらな女が男を渡り歩いた結果、たまたま盗賊の女神のようになってしまっただけだ、ただのお飾りだ、偶像にしては想像よりも美人でなかった、と言う人々もいた。彼女のことを素晴らしく特別な女だと言う人も、凡庸で全く取るに足らない普通の女だと言う人も、プーランが感情のある人間だということをうっかり忘れていた。

八年で釈放するという約束も、裁判も、だからうっかり忘れられた。

一九九四年、約束を三年オーバーしてプーランは釈放された。八年の間に、投降を取り決めた当時のマディヤ・プラデーシュ州首相が異動させられ、インディラ・ガンディー首相が暗殺された。「低い」カーストの人々から支持され、新しく就任したウッタル・プラデーシュ州首相が起訴を取り下げた。折しも、あるいはなるべくして、「低い」カーストの人々による政治活動が盛んになり、プーランはその渦中に浮かび上がらされていた。

思惑、思惑、思惑。

同じ年に「女盗賊プーラン（Bandit Queen）」という映画が公開された。プーランの伝記を元に、シェーカル・カプール監督によって作られたこの映画の公開を、プーランは中止するよう求めた。内容を前もって相談されることもなく、より感動的に、より惨めに、より暴力的に、より美しく、よりセンセーショナルに作り変えられていたからだ。彼女が実際にはどう感じていたかということは、多くの人にとって小さな問題であるらしい。プーランの名前だけが衆目に晒《さら》された。

映画という媒体がプーランを感情のある人間として扱ったかどうかはさておき、そのダイナミズムが動かしたものも確かにあった。幼児婚の陰惨さを表現した映画は、とにかく世界の頬を叩くところとなった。センセーショナルに作り変えられたプーランの声は、彼女が使った拡声器の何倍ものスピードで、叫びを世界に伝播《でんぱ》させた。三十一歳になった少女は、もうずっと前から叫んでいたのだが。

大きな声をもってしか救えないものがあると、プーランは思ったかもしれない。後年、政治に参加するよう勧められたときに彼女の中にあった考えは、他の誰にも分からない。記録されているのは「女性に教育と啓蒙《けいもう》が必要だ」というプーランの発言だ。選挙に出馬し、国会議員になった三十代の彼女の叫びは、今度こそ肉声で広がるはずだった。政府が公的な警備を手配してくれないので、仕方なく彼女は大きな牙を持つ犬を飼い、人を雇っていた。二〇〇一年の夏、プーランは議会を終えて自宅へ帰る途中に狙撃され絶命した。容疑者自身はベヘマイー村虐殺事件の復讐だと自白し、様々な臆測が飛び交った。

もう二度と、彼女が感情のある人間としてどう感じたのか、何をしたのか、これから何をしたいのか、誰にも確かめられない。

しかしひとつだけ、分かりきっている事実がある。プーランが激しく怒っていたことだ。怒りによって暴れ叫んだということだ。怒りを突きつけられた人がどれほど自分は関与していないと思いたがったとしても、その怒りの存在だけは、誰にも疑いようがないのである。

# 秋瑾

## こんな世界での生は、自分にとって死と等しい

ここではない世界を目指すことは、熱く焦《じ》れながら、同時に捩《ねじ》れるほど苦しい。目指せば目指すだけ、今がそのときではない、その場所ではないのだと、嫌というほど見せつけられるからだ。何もかも叩《たた》き割って大声で泣き喚《わめ》き、金輪際やめてしまいたくなったとしても、目指し続けるほかに生きる道がないからだ。

秋瑾《しゅうきん》が福建省の厦門《アモイ》に生まれた一八七五年、清《しん》はアヘン戦争を経て各国と不平等条約を締結させられていた。土地を失い、賠償金に苦しみ、治外法権を認め、街中での外国人の暴挙を許し、諦めの煮詰まった国政には賄賂と不正が横行していた。秋家は父・秋寿南や祖父、さらにその先代も先々代も、科挙（官僚登用試験）を受験してきた家系である。父や祖父のように、賄賂を積極的に多用しない官僚は珍しかった。

秋瑾に初めて「ここではない場所」を目指させたのは、纏足《てんそく》だったかもしれない。足の

指を折り曲げ、どれだけ痛くても痒《かゆ》くても、巻きつけた布を解いてもらえない。思いのままに走ることもできない。苦痛を知っているはずの大人たちは皆、かわいそうではあるが乗り越えるべき試練として気の毒そうに微笑《ほほえ》むばかり。それもどうやら、兄には全く必要なく、自分だけが耐えなければならないらしい。足が大きい女は、嫁の貰《もら》い手がないんだって。痛みが治まっても、長い距離や荒れた道を歩くことは難しいままなんだって。私が女だから——女だから？　なぜ私は、女とは、そんな風に一生を過ごさなければならないのだろう？

纏足の手筈《てはず》を整えた母・単氏は、「なぜ女の子だけがわざわざ身体《からだ》を押さえつけ、行動を制限し、選択肢を減らさなければならないのか」という疑問を根底から解決してはくれなかったが、その代わり、できる限りのことをしてくれた。学がないことを女性の美徳とする時代に、読み書きを教え、詩を教え、兄と一緒に勉強させ、武術をも学ばせてくれたのだ。父も反対することなく、ときには自ら指南してくれた。

詩を読むことは、本を読むことは、そして自分で書くことは、抗えないはずだった世界を解読し、一石を投じる行為だった。秋寿南の単身赴任に伴い一八八九年に浙江省《せっこう》の紹興《しょうこう》へ移った秋瑾は、成長するにつれ、満州族がどのように明《みん》を滅ぼし清を成立させたか、漢民族である自分たちをどんな風に扱っているか、そして諸外国からどのように扱われているかを理解していく。一八九三年には家族で湖南省湘潭《しょうたん》へ移り住んだ。賄賂を活用しなかったせいで決して目指していたわけではないポストをあてがわれる父の姿は、国外・国内を問わず政治が腐敗していることを若い秋瑾に感じさせた。
しかしたとえ科挙を受験して国の在り方に関わりたいと望んだとしても、秋瑾にはその手立てがないのだ――女だから！　大人たちは皆、「男の子だったら」と架空の栄光に微笑むばかり。女だから何だというのだ。私の知識と情熱は、綴《つづ》る言葉は、女であるという事実にどう縛《いまし》められるというのだ。かつて科挙の首席になった女性もいたというじゃないか。そのひとと他の男性はどう違うというんだ？　私と他の男性は？　彼らと同じくらい、いやそれ以上に、成果を出してみせる。眠る時間も惜しんで勉強し、剣術の練習を重ねる。魂が走っているのに手足が追いつかないのは、努力が足りないだけだろうか？　この足がもっと大きければ、もっと高く跳び上がり、もっと力強く一歩を踏み込めたのではないか？　料理や裁縫や刺繍《ししゅう》の習得に時間を費やす必要がなければ、もっと学べるのではないか？

どれほど視座が高く理解ある個人の家庭に生まれても纏足を避ける術《すべ》がなかったように、結婚を避ける術もまた見つけられなかった。一八九五年、二十歳の秋瑾の知性や詩才は既に噂《うわさ》になっていたが、「それはそれとして」嫁に行くことは覆しようもなかった。夫となる王廷鈞という男は十六歳で、湘潭の大富豪の三男で、精神的に幼かった。親に賄賂の金を用意してもらって官職を得ることに少しの疑問も感じない夫と、良く生きるためにお互いを高めあい、ともに国の未来を憂うなど、どだい無理な話である。何もしなくても、何も考えなくても生活できるのだ。王廷鈞は清がどうなろうと、その結果土地を追われた人が飢えようと、自分に結びつく出来事とは捉えられなかった。妻の詩作や鍛錬にも大した意味があるとは思えなかった。だって一体何になるというんだ？　才能？　それが日々にどう関わるんだ？　彼は妻というものは当然夫に従順であるものだと思っていたが、それでも彼女の好きなように「させてやった」。口論になると分が悪いし、一度決めたら折れる訳がない。揉《も》め事が外に漏れでもしたら聞こえが悪い。世の中にとって女がどういうものなのか、秋瑾は体感として理解し直さざるを得なかった。顔色を窺《うかが》いながらも抑圧し、罵倒しながらも逃げ続け、思考よりも面子《メンツ》を優先する夫。その傲慢さを助長する義両親。私がおかしいのか？　目の前の人々に少しも伝わる望みのない、私の考えの方がおかしいのだろうか？　この男に、私の人生の殆《ほとん》どの時間を費やさなければならないのか——女だから。一八九七年には長男が生まれた。

＊

結婚生活は暗かった。新婚時代の一八九八年、日本の明治維新を意識して科挙や伝統的な政治体制を廃止し、立憲君主制を目指す改革「戊戌《ぼじゅつ》の変法」が沸き起こった。同じ頃、それまでもたびたび政府によって禁止令が出されていたものの全く効果がなかった纏足から、女性を解放することに改めて取り組もうという動きも起きた。しかし「戊戌の変法」はわずか百日で西太后によって覆される。纏足、ひいては女性の権利を見直そうという動きは、一八九八年に創刊された中国史上初の女性誌『女学報』などでも盛んに叫ばれたが、状況はさほど変わらず、纏足は「娘の幸せのために」根強く続けられた。今浸《つ》かりきっている風習から抜け出し、ここではない場所を目指すことが、これほどまでに摩擦を伴うなんて。一八九九年、秋瑾は金で官職を買った夫の転勤に伴って訪れた北京で憂えていた。変法、改革……革命……革命。もう、いよいよ清には期待できない。漢民族の力で国を立て直すしかないのではないか……。

国政もさることながら、家政も問題が絶えない。中央で実務にあたれば王廷鈞が目覚めるわけでもない。夫婦仲はもはや一触即発で、しかしそれは二人が対等に争えるということを意味しなかった。一九〇〇年、国内のキリスト教布教への反発と排外主義を発端とする反帝国運動団体、義和団が北京へ到達。西太后がこの動きに乗って欧米に宣戦布告すると、イギリスを筆頭にアメリカ、ロシア、フランス、イタリア、ドイツ、オーストリア、日本が清へ総攻撃を始める。戦う気力のない清の軍隊と、装備が不十分な義和団は敗北し、北京は陥落、西太后は逃亡。街はひどい有り様だった。そもそも攻め込まれなくても食糧も土地も金もなかった。しかし王廷鈞には、帰る家がある。何もできず、それでも秋瑾は夫について湘潭へ戻るほかなかった。科挙が形だけ廃止された一九〇一年、秋瑾は第二子となる長女を、北京より安全な湘潭で産んだ。

結婚生活で得たものは、子供たちと、そして同胞だった。一九〇三年、再び夫の赴任に伴い北京に落ち着いた秋瑾は、隣人の呉芝瑛《ごしえい》と親しくなる。彼女は京師大学堂（北京大学の前身）の総教習・呉汝綸《じょりん》の姪《めい》で、書文集も出している知識人であった。

これまでの結婚生活の中で、初めて親しみを感じられる、そして尊敬できる年上の仲間と、大いに学び政治について話せる。水を得れば得るほど、夫との時間が無駄に思えた。男装して観劇に出かけた秋瑾を王廷鈞は殴った。だけど、私はなぜこの男に付き従わなければならないのだろう。私の志は、ずっと家の中に押しとどめておかなければならないのか。呉汝綸は教育制度の視察のために日本を訪れていた。当時、日本への留学は学び多き有意義なものとされ、国を挙げて推奨されていた。私はもう二十七歳だ。二十七歳！　秋瑾が著書を愛読していた革命論者、陳天華《ちんてんか》は彼女と同い年だった。二十七年間、私は自分の国について問題意識を持ちながら、何もアクションできなかったのだ。

姉のような同胞・呉芝瑛の手引きで、秋瑾は一九〇四年、服部繁子《はっとりしげこ》に会う。彼女は京師大学堂の師範館総教習に就任した服部宇之吉の妻だった。女性教育の夜明けへの期待が高まる空気の中、呉芝瑛と服部繁子らは、女性が議論を交わす座談会を主催する。その頃の秋瑾は纏足を解き、男性の衣服に身を包んでいた。強いられている装いが、どれほどまでに国と社会の象徴であり、どんな状況に自分を縛り付けているかに気づいていたのだ。放足は、縛られていた者には全く罪のない痛みを彼女にもたらした。いまさら解放されても、もう生まれたときの形に戻ることはない。この国で女として扱われる限り、ずっと抑圧され続けなければならない。たとえ男になってもこの国の人間である限り、清に支配され続けなければならない。男性の価値観を、清を支配する満州族の価値観を転覆させるしかないという秋瑾の考えは、周囲の人間には過激なものと捉えられた。その年、秋瑾は女学校の教職を辞退し、王廷鈞の宥《なだ》めすかすような、脅すような、諦念のような反対を押し切り、服部繁子について日本に留学する。一九〇五年にはようやく国の予算が女子留学生に割かれることになるが、その前年、何とか自分で金をかき集めた。行き先をアメリカと迷ったが、アメリカ式のフェミニズムや教育制度は途方もないように思えた。彼女は「早く」世界の全てを変えたかったのだ。

＊

日本では時間も金もなかった。慌ただしく日本語を学び、歌人で女子教育の先駆者である下田歌子が創設した実践女学校に入学を決める。教育、工芸、看護の勉強の傍ら武術も習い、浙江や湖南からの留学生たちの同郷会にも出席した。各地方の言葉の違いを乗り越えて人々を説得できるよう標準語でスピーチをする練習会も立ち上げた。日本留学を志す女性のサポートも申し出た。留学生の会合での演説や、雑誌の創刊。疾走すればするほど、祖国が歯痒い。志高いはずの留学生たちでさえ、男女同権を説く彼女のスピーチに反対する男性は少なくない。街の人々が夢中になって軍隊に万歳を唱える日本の様子は、その是非をさておき、秋瑾の目には眩《まぶ》しく映った。当時横浜を拠点にしていた「三合会」は、孫文に由来する、清を倒し「本来の」国の再建を目指す革命集団である。入会を誓い、秋瑾はその一員となった。

雑誌の原稿で、あるいは少なくなった留学費用をかき集めるための紹興への一時帰国の際に、秋瑾は折に触れ同郷の女性たちに女子教育の必要性と日本留学の有用性を呼びかけた。紹興では、この地を出身とする人々で構成される革命団体「光復会」の主要メンバー、徐錫麟《じょしゃくりん》と邂逅《かいこう》して意気投合し、推薦を得て会に入った。一時帰国を終え日本に戻る頃、孫文を筆頭に中国同盟会が結成される。孫文に会って感銘を受けた秋瑾は中国同盟会にも入会し、生活はさらに忙しくなった。しかし必死の呼びかけにもかかわらず、女性たちの反応はいつも薄かった。知らされていないものを欲することは難しい。さらに兄がなんとか工面してくれた金は夫・王廷鈞に阻まれて彼女の手元に届かず、金銭的にも逼迫《ひっぱく》させられた。秋瑾の詩や文章は、しばしば「女性なのに」激しいと、人々を驚かせる。しかし女性なのに激しいわけではない。女性だから、それほどまでに激しく主張しなければならない状況に置かれていただけである。清のニュースを目にするたび涙が滲《にじ》む。革命派の人間の何気ない男尊女卑に触れるたび泣けてくる。魂は走っているのに、手足はなぜか追いつかない。夢の中で走っているみたいだ。

一九〇五年、衝突が起きた。孫文たちの結束を恐れた清朝が留学生に対して規制をかけたのである。この「清国留学生取締規則」は、ひとつの学校で革命運動を含む素行不良と見做《みな》される行為を行えば他の学校に入学できない、などの項目から猛反発を呼んだ。秋瑾たちは授業をボイコットし、デモを行い、留学生が抗議のために一斉に帰国するストライキを望んだ。しかし公費で来日している者をはじめ、皆が彼女のように考えるわけではない。一斉帰国に否定的だった留学生の中にはのちの魯迅《ろじん》も含まれていた。彼らを日本に残し、秋瑾と同志たちはその年の終わりに、志なかばで帰国する。

展望を中断させられたやるせなさと、疲労による体調不良と、それでもわずかに残した希望を伴って帰郷した秋瑾は、心臓の不調を押して再び激しく働き始める。とにかく、女性への啓蒙《けいもう》と意識改革、そして革命の資金集めと準備である。日本で学んだ看護の教えを翻訳し、反纏足運動を担う一方で、秘密裏に爆弾を作る日々。故郷では女子教育が多少進んだにもかかわらず、少女たちを取り巻く環境はさほど変わっていない。

光復会で徐錫麟が計画した革命のシナリオは、清に服従しているふりをして政府内部に潜り込み、さらに徴兵に役立つという名目の体育学校を創《つく》ることで目眩《めくらま》しをし、戦闘態勢を整えるというものだった。政府はこの計画で立案された「大通師範学堂」を信じ歓迎した。一九〇七年に、秋瑾は完成したばかりの、学堂の校長に就任した。徐錫麟が作戦通り官僚として安徽《あんき》省の安慶へ赴任することになり、跡を継いだ形である。これから機を窺い、各地で連続して武装蜂起を決行する。そのための第一歩だ。彼女たちの真の狙いに気づかない政府は開校を喜んだ。開校式に招かれた紹興府の長官である貴福は、秋瑾にちなんだスローガンさえ贈呈した。

同じ年、秋瑾は話し言葉によって書かれた女性雑誌『中国女報』を創刊する。これまでの女性雑誌のように、文字を学ばせてもらえなかった女性には読めない、難しい文章を用いない雑誌。それでいて読者を軽んじるような馬鹿馬鹿しいテーマを掲載しない雑誌。真に多くの女性に届くはずの雑誌だった。今、自分の国で起きていることに気づいてほしい。自分の身の上に起きていることに気づいてほしい。本当は女性は男性の言いなりになる道理などないことに、現状を変えるためにはまず知らなければならないことに、気づいてほしい。姉妹たちは、少なくとも国内に二億人はいるはずだ。にもかかわらず反応は驚くほど小さく、出版を続けるための資金源である株式への加入者はわずかだった。激務の中、秋瑾は学堂で自ら教鞭《きょうべん》を取り、駆けまわった。

徐錫麟との同時蜂起は当初、七月六日のはずだった。

まずは徐錫麟が安慶にて、警察学校のセレモニーに乗じて自分の上司にあたる恩銘を殺害。同時に学堂で秋瑾が立ち上がり、全国に呼びかける手筈だった。しかし恩銘が予定を変更し、セレモニーの日程が急遽《きゅうきょ》変更されたことで、計画がすれ違い始める。日程変更を知った徐錫麟はその日に合わせて独断で作戦を決行し、かろうじて恩銘だけは殺害したものの、半日で捕らえられた。秋瑾の計画もたちまち政府の知るところとなり、学堂には武装した軍隊が押し寄せた。革命は機運を作らなければならない。同じ空気で多くの人を包んで呼吸させ、「自分も立ち上がらなければ」と思わせなければならない。そうやって何人もの仲間が命を落としてきた。軍に突入される前夜、支持者たちは秋瑾に逃亡を請い願ったが、彼女は学堂にとどまり続け、ついに蜂起しないまま逮捕された。

この反政府主義者の裁判を取り仕切ったのは、学堂の開校式で秋瑾にスローガンを贈った貴福だった。あのスローガンのせいで自分にまで疑いが向くのではないかと焦った貴福は処刑を急がせた。同じ開校式に参列していた山陰県県令（県知事）の李鐘嶽は、自分の保身に奔走する貴福を尻目に、彼よりもはるかに国を思っているであろう人材をみすみす殺してもいいのかと思い悩んだ。秋瑾は、しかしただ最後に「秋風秋雨、人を愁殺す」（または「秋雨秋風、人を殺す」）と書いただけだった。

秋瑾には死を恐れる気持ちはなかった。しかし死を恐れないことは、死にたいというこ
とと同義ではない。こんな世界を受け入れ、甘んじて生きることなどできないというだけ
だ。世界を変えなければ死んでいるように生きるしかないだけだ。こんな世界での生は、
自分にとって、女にとって、全く死と等しいのだということを、命を使って証明している
だけだ。

七月十五日の朝、三十一歳の秋瑾は紹興軒亭口の刑死場で斬首された。辛亥《しんがい》革命は彼女
の死から四年後に勃発した。今、世界が秋瑾の目指した「ここではない場所」になったか
どうか、誰が答えられるだろう。

# ダイアナ・フランセス・スペンサー

## 誰にも忘れてもらえない、誰にも忘れさせてやらない

※文中の表記は「皇太子妃（当時）」や「元妃」などの呼称を用いず、出生時の個人名で統一しています。また、過食症や自傷行為に関する記載があります。

じっと目を見る。手を取る。脈動を感じながら向かい合う。悲しみに充血する眼《まなこ》を思い、嬉《うれ》しさに震える身体《からだ》を思い、「その人」の名前を思い、半生を思い、ただ黙って明後日《あさって》を向き同じ空間に座る。そうしているときには、想像は「その人」を脅かさない。小さな言葉と言葉の余白から溢《あふ》れ出て、「その人」の名前や顔を奪ったりはしない。

名前や顔を奪うのは案外簡単だ。まず肩書きを用意する。例えば、妻、嫁、母、女、何でもいい。次にイメージを追加する。例えば、若い、美しい、ウエストが太めの、取るに足りない、愛されたがりの、ちょっぴりおバカで、エキセントリックな。最後に顔を飽きるほど眺める。そうして、目の前にあるものが一人の人間の顔であることを忘れるほど眼《まな》

差《ざ》せば、それはすぐに単なる図像になる。

「パパラッチに最も多く写真を撮られた」「イギリス王室を騒がせた」「最もファッショナブルな」「誰よりも愛情に飢えた」という肩書きで思い思いに眼差された「その女性」は、一九六一年の夏に、サンドリンガムで生まれた瞬間には、まだダイアナ・フランセス・スペンサーという自分だけの名前を持っていた。

　ダイアナを最初に名前ではなく肩書きで眼差したのは、オールトラップ子爵だった父エドワードだと言える。彼は三女ではなく長男が欲しかった。家と称号と財産を継ぐのは男児と相場が決まっていたからだ。ダイアナの前に初めて生まれた男の子はすぐに亡くなっていた。ダイアナの洗礼と名付けは後に生まれた弟チャールズよりも簡素に済まされた。

　母フランセスと父エドワードは、ダイアナが六歳の年に別居を始め、離婚することになる。記憶の中の母は大抵泣いていた。子供たちの親権はエドワードが獲得した。エドワードは愛情がないわけではなかったし、何だってプレゼントしてくれた。ただとにかく忙しく、それに子供たちには、彼が歴代の乳母と関係を持っているように見えた。リドルズワース・ホールも、ウェスト・ヒースも、学校はいつも楽しかった。勉強はさほど得意ではなかったが、授業もボランティア活動の課題も好きだった。スポーツの才能があった。恋愛小説にもハマった。身長が伸びた。友達とゲラゲラ笑って悪ふざけもした。

「レディ（令嬢）」は、ダイアナが初めて与えられた正式な肩書きだと言える。一九七五年に父エドワードは伯爵位に就き、再婚してオルソープに移った。三人の娘たちは「レディ」に、弟チャールズは「オールトラップ子爵」に。父の再婚相手は、ダイアナが傾倒していた恋愛小説家の娘だったが、嬉しくはなかった。義母が屋敷を維持するために家財を売り払ってしまったからだ。

六歳年上の姉・セーラはチャールズ皇太子と交際していた。ダイアナは十六歳の頃、オルソープのオールトラップ邸を訪れた皇太子と言葉を交わしている。しかし皇太子にとって十六歳は子供で、ダイアナにとって十六歳はあまりに忙しかった。何しろ進学の見通しを立てなければならないし、人生について考えなければならない。ウェスト・ヒースを卒業して進んだスイスの花嫁学校は高額なだけで何も面白くなかった。国外から進学してきた多くの生徒と同じように、数か月でイギリスへ帰国した。両親は十八歳までは一人暮らしもロンドン行きも許さなかったが、離婚してスコットランドで暮らす母フランセスがフラットを貸してくれた。これから、何をしよう？　ダンスが好きだ。子供の世話をする仕事に就きたい。家政婦の仕事も始めた。まだ何の名前もないけれど、私は何にだってなれるだろう。一九七九年は嬉しい年だった。十八歳になり、ようやく自分のフラットを買った。女友達との気ままな共同生活！　それに、サンドリンガムでの王室のパーティーでチャールズ皇太子と再会したのだ。

次の年には二人は随分親しくなっていた。皇太子にはいくつかの交友関係があったが、彼はダイアナを気に入り、たびたび屋敷や船に招待した。早々に嗅ぎつけたマスコミは、フラットや念願かなって彼女が働いていた幼稚園にまで押し寄せ、昼夜問わず電話を鳴らし、正確でない記事も平気でリリースした。それから、気になることもあった。先立って皇太子から紹介されたカミラ・パーカー＝ボウルズ夫人が、いつでも彼のそばにいることに、ダイアナは違和感を覚えた。カミラはほぼ十年前、皇太子の恋人だった。

それでもダイアナは恋愛をしていた。女友達は親身に協力してくれて、ダイアナが皇太子のプロポーズを受けたときにはフラットは大騒ぎとなった。しかし当の本人は、求婚の言葉に思わず笑ってしまった。だって冗談だと思ったのだ。「いつか君が王妃になる」と言った指輪の送り主は、その言葉が王室のメンバーとして国と世間に人生を捧《ささ》げるという意味だとは教えなかった。恋人から電話がかかってこなくても、マスコミが常軌を逸して過激になっても、さらにそのことについて恋人からも王室関係者からもケアされなくても、彼女はできるだけユーモラスに物事を考えようとした。婚約発表の前夜、フラットまで迎えにきた警部に「今夜があなたの人生で最後の自由な夜だから、精一杯お楽しみなさい」と言われたときも、衝撃を受けながらもつい笑ってしまったのだと彼女は話している。十九歳の女の子は、他の多くの十九歳の女の子と同じように、名前と顔を奪われるとはどういうことなのか想像できなかった。とはいえ実際には、ダイアナほど巨大な肩書きに名前をかき消され、ダイアナほど大勢の人間に眼差されるわけではなかったとしても、それにちょっとばかり似た機会は他の十九歳の女の子たちにとってもありふれたものだったのだが。

＊

チャールズ皇太子は三十二歳。そろそろ結婚するべきではないか？　王室に嫁ぐ女の子は、当然かわいく、気立てが良く、できれば遊んでなさそうな娘がいい。世継ぎを産んでもらわないと困るから、できるだけ若い娘——そう、景気がぱっと良くなるような。国中がそう考えていることは、誰の目にも明らかだった。自分に期待されていることを肌で捉え始めても、恋人の愛情に疑問を感じても、カミラの存在にますます不安を掻《か》き立てられても、移り住んだクラレンス邸とバッキンガム宮殿での生活が息苦しくても、過食症の症状が現れても、今になって「やめます」などと言える状況ではないことだって、誰の目にも明らかだった。

結婚式は一九八一年七月二十九日に執り行われた。一万二千発の花火が上がり、五千六百三十三万人の人口の殆《ほとん》どが沸き、七億五千万人がテレビ中継を眺めた。あらゆる人々の幸福がダイアナの一挙手一投足に紐《ひも》づけられ、バルコニーでのキスは物語になった。

ダイアナはできるだけユーモアを持とうとした。恋愛も続けようとした。期待も抱いていた。一九八二年からは、ケンジントン宮殿で夫婦として暮らせる。そりゃあ大変だろうけど、想像したようには二人きりの時間を過ごせないのだろうけど、きっと夫は自分を一人の人間として愛し、尊重してはくれるだろう。

ダイアナは二十歳。彼女が王室に馴染《なじ》めないのは世間知らずだったからだというストーリーは納得感のあるゴシップとして受け入れられた。

（……両親の愛情を十分に得られなかったせいで、寂しがり屋でシャイでエキセントリックに育った、お勉強がとにかく苦手な、未熟者の女の子。だからおとぎ話のような結婚に勝手に夢を見て、幻滅しちゃったんだよね。だけど教えてあげよう、「妻」というものは、家に馴染み、すぐに自分を変化させ、丈夫な子供を産み、つわりはひどくてもまあ普通のことで、手をかけなくても健康で、倒れたりしないものなんだ。夫の仕事を手伝うのは義務で、手伝うときには完璧にやって当然で褒められる必要などない。妻や母としての役割に相応《ふさわ》しい服装や振る舞いを自ら学習し、でもファッションはいつでも素敵。まあ、素敵で当然だけど。だってショッピングのことしか頭にないんだから。くれぐれも調子に乗って金を使いすぎるなよ。普通の「妻」でもそうなんだから、いわんや皇太子妃をや！）

マスコミはひっきりなしに騒ぎ立てた。過食症は日に日に加速していた。彼女は自分の身体《からだ》を乱暴に扱うこともあった。一九八二年一月には、妊娠中のダイアナが階段からわざと落ちたと報道された。

一九八二年六月にダイアナが長男のウィリアム王子を出産すると、誰もが飛びついた。もしもカメラがダイアナを撮影する手を休めたとしたら、待望の王子にピントを合わせたときだけだろう。大抵の場合には、彼女は一秒も休まずに写真を撮られ続けていた。それが不快かどうかはどうでもよく、プリンセスの図像だけがいつでも欲しがられた。

一九八四年九月に次男のヘンリー王子が生まれたとき、チャールズ皇太子が二人目が女の子ではなかったこと、赤毛だったことに不満を漏らしたとダイアナは語っている。このエピソードを彼女の露悪的な被害妄想だと思いたい人はそう思うことにした。ついでに、必要以上にダイアナと王室関係者との不仲説を面白がる者もいた。

（……過食症っていうけど、もともと大食らいだったそうじゃないか。ダイエット目的で吐いているらしいじゃないか。美しく見られたいんだろう、女だもの。たくさん食べるならむしろ元気なのでは？　それより、プリンスとプリンセスは訪問先で別々に寝室を取ったらしい！　結婚の六年後にはヨリを戻していたらしいカミラ氏と皇太子のゴシップを、プリンセスはいったいどう思っているんだ⁉）

そんな噂話《うわさばなし》を耳にした人々には、事実を確かめる術《すべ》はなかった。

もちろんダイアナは馴染もうと努力し、そして自分の考えも尊重した。二人の息子はダイアナの希望で一般の学校に入学し、ウィリアム王子は小学校に通った最初の王子となった。皇太子は息子たちと良好な関係を築いたが、ヘンリー王子が三歳になる頃にはダイアナのいるケンジントン宮殿に殆ど戻らなくなった。どこまでいっても、夫とは対等な立場になりようがなかった。自分の置かれている状況を外へ伝える方法さえ限られているのだ。

一九九二年、ダイアナや親しい人々の証言を基にしたという告発記事が「サンデー・タイムズ」に連載される。ある読者は（彼女がそんなに酷《ひど》い目に遭っていたなんて）とショックを受け、ある読者は（嘘《うそ》か被害妄想だろう）と決めてかかった。

一九九三年、皇太子とカミラの私的な会話がメディアに掲載される。読者は電話の盗聴の是非よりもまず性的な内容に興味をそそられ、批判を浴びせかけた。

一九九五年、ダイアナがＢＢＣのテレビ番組に出演する。結婚生活に常にカミラが存在していたこと、ダイアナ自身も一時期、元騎兵連隊将校の男性と恋愛関係にあったことを語る映像が放送された。このＢＢＣの取材は近年、不当なアプローチによって実現させられたと報告されている。

（……インタビューの方法が不当だったのだから、内容にも信憑性《しんぴょうせい》はないのではないのか？　ダイアナは騙《だま》されて嘘や誇張した妄想を語ったのではないのか？　そもそも、夫婦の不仲は過食症というダイアナに由来する問題のせいではないのか？）

批判は吹き荒れ、人気は高まり、それから急降下し、またうなぎ登りになり、絡まって渦巻いた。公務では皇太子よりも多くの視線を集めることさえあった。ダイアナがいれば、もう、あとはどうだっていいかのようだった。自分自身でいる、つまり「皇太子妃」でいることが市民の歓《よろこ》びになる。あるいは怒りになる。そしてまた歓びになる。私は私なのに、私でなくても私なのだ。私が私であれば、実は私でなくても構わないのだ。でもそれって、いったいどういうことなんだろう?

疑いようのない確かな事実は二つある。

一つは、皇太子とダイアナの離婚のための話し合いが、ダイアナにとって不均衡なパワーバランスでないはずがなかったこと。もう一つは、一九九六年にとにかく次の内容で、離婚が確定したこと。

息子たちの養育権は完全に半分ずつ持つ。ケンジントン宮殿にはこれからも住む。ダイアナのオフィスの維持費は皇太子が負担する。ダイアナへの慰謝料は千七百万ポンド。ダイアナからは「妃殿下」の称号が剝奪される。

＊

肩書きを奪われたのだから、もう、そこにいるだけで意味を担わされることをせずに済む。追いかけ回され、じろじろ眺められなくて済む。ようやく放っておいてもらえる。

……というわけではなく、何をしても、していなくても、何かを書かれる日々は変わらなかった。むしろ王室を離れ独身になったことで、センセーショナルな見出しが増えた。

（元プリンセスの、結婚に失敗した若い女の、次の恋のお相手は？）

プライベートを書き連ねようとするマスコミの苛烈さは、ダイアナが落ち着いて手に入れようとした恋愛を台無しにするには十分だった。


それでも物理的には、彼女が自分の時間をいくらか取り戻したのは事実だった。いつの間にか担わされていた果てしない仕事をしなくてもいい。決まりしかないのに、決まりが守られない結婚生活に辟易《へきえき》しなくてもいい。何ができる？　これから、何をしよう？

皇太子妃になって以来、ダイアナがかねて力を注ぎ続けていた慈善事業には、「注目」はむしろ最高の強みだった。自分がいるだけで視線を集められる。あれほど苦痛だったはずの、ただいるだけで喜ばれる不思議を、今度は余すところなく役立てられるかもしれない。

ダイアナの活動分野の筆頭に挙げられるＡＩＤＳ、ハンセン病、対人地雷をはじめ、曖昧で間違ったイメージを植え付けられていたり、できれば直視したくないと敬遠されている課題を、彼女の図像欲しさについてきたカメラは写さざるを得なかった。ダイアナが患者を腕に抱けばシャッターが切られ、対人地雷が埋まる土地を歩けばカメラが回された。

興味本位でテレビや雑誌を眺めていた人々は、感染にまつわる自分の知識不足を知り、地雷が思ったよりもいくらか危ないものだと気づいた。

一方で地雷原を歩こうと試みた経験のない人は、ちょっと地雷原を歩くくらいで大袈裟《おおげさ》だと思った。洗脳されてプロパガンダに利用されているのだと笑う人もいた。ダイアナの新しいボーイ・フレンド、ドディ・アルファイドとの関係を揶揄《やゆ》する人もいた。

(……アルファイドの家系は、武器を取り扱っているじゃないか。対人地雷はダメで、武器商人の関係者はＯＫなんだ?)

しかしどんなに悪《あ》しざまに笑った人も、さすがにダイアナと彼女の活動を無視することはできなかった。彼らは「注目」し過ぎていたのだ。お望み通りダイアナを見て、ダイアナが望んだものをいやというほど見せつけられた。期待した物語と予期していなかった事実を突きつけられ、二度と目を逸《そ》らさせてもらえなかった。

それはダイアナの反撃だと言えた。いつでも自分自身を不躾《ぶしつけ》に傷つけようとする、自分を「見逃さないぞ」と脅迫する圧力を動力に据えた、身を切る反撃だと言えた。

これから、何をしよう?

名前はもう消えないけれど、私はこれから何か別のものになれるかもしれない。

一九九七年八月三十一日にダイアナがドディとともにパリで亡くなったとき、多くの人々が心から悲しんだ。そして多くの人々が、どんなに迂闊《うかつ》なきっかけで悲惨な交通事故が起きたのかを心のどこかで知りたがった。ありとあらゆる憶測と、陰謀論が駆け巡った。

（……即死した運転手は、なんと飲酒運転していたらしい）（いや、実のところは、ドディとの結婚によってダイアナが改宗することを阻止するための暗殺なんだって）

現場にいたカメラマンたちは、瀕死《ひんし》の怪我人《けがにん》を助けなかったことで取り調べ室へ送られた。

（……で、結局誰が悪いんだ？）

そのとき、じっとダイアナの目を見て、ダイアナの手を握り、ダイアナがどんな風に痛みを感じ、どれほど信じられない思いだったかを慮《おもんばか》る人はいなかった。ダイアナの脈動を感じながら、悲しみに充血する眼や嬉しさに震える身体《からだ》を慰められる人はいなかった。彼女がもう、この世のどこにも存在しなかったからだ。

王室からいつまでも発表されない声明に、いつも通り高く掲げられた国旗に、人々は怒りを噴出させた。さすがに彼らの怒りを無視することはできなかった。無数の花束がケンジントン宮殿に供えられた。

花の中を歩く二人の王子に人々は涙した。「花を贈りたい」という気持ちの渦が、飾られたダイアナの写真を静かに飲み込んでいた。

# 4　生きる場所を探し続ける

# ローラ・モンテス

## 「ファム・ファタル」なんて言うけれど、私は私の運命にしか興味がない

「悪い女」のイメージは、繰り返し歴史の中に設置されてきた。ファム・ファタルとは、専ら男性に破滅をもたらす、男性にとって運命的な女性である。「悪い女」のイメージの内には、そう呼ばれた女性自身以外の目線が含まれている。「悪い女」と呼びたがる人々は、彼女が男性の運命を破滅させることのみに、彼女自身の運命のすべてを喜んで使うのだと信じ続けている。

ヨーロッパからアメリカまでを股にかける「悪い女」として持て囃《はや》され非難されたローラ・モンテスは、自分の何が「悪い」のか、さっぱり分からなかったかもしれない。あるいは、そう呼びたがる人々の心の動きを理解し、微笑《ほほえ》みながら突き放していたのかもしれない。彼女は生まれながらにして「悪い女」だったわけではない。少なくともエリザベス・ロザンナ・ギルバートとしてアイルランドに生まれた一八二一年の夏には、まだ何の

イメージも課せられていなかった。

イギリス軍人だった父エドワード・ギルバート大尉が赴任先のインドでコレラによって急死したのは、彼女が四歳の頃である。当時十九歳だった母エリザは間もなく、夫の同僚のスコットランド人、クレイギーと再婚する。カルカッタ（現在のコルカタ）での生活は幼いエリザベスに色鮮やかで活気に溢《あふ》れた思い出を残した。

義父は優しかったが忙しく、母は娘を重荷に感じているようだった。教育のため、エリザベスは自由に過ごしたカルカッタから、義父の故郷であるスコットランドの親戚のもとへ送られる。義理の祖父母は親切だった。控えめな雰囲気の町で、異国から来た刺激的な少女は目立っていた。

イギリスのバースにある寄宿学校で、エリザベスが落ちついた生活を軌道に乗せかけていた一八三六年、突然インドから母が迎えに来た。娘を金持ちの男と結婚させるためだ。インドの有力者だという夫候補は五十歳近く年上だった。エリザベスは猛烈に反発した。私はなぜ、会ったことも話したこともない男と生きていかなければならないのだろう？なぜ、そうしなければ生きられないことになっているのだろう？　しかしいくら抗っても、母はきっと自分をインドへ連れ帰るだろう。

インドからイギリスへの母の旅には一人の将校が同行していた。ジェームズという、本来なら自分を結婚へと向かわせるためにやって来たその男性と、エリザベスは駆け落ちを決行する。ジェームズもまた、エリザベスより十歳以上年上だった。

ダブリンで急いで式を挙げて始まった結婚生活は、他に選択肢などなかった少女にとって幸福とは言い難かった。ジェームズの転勤に伴ってインドへ戻ったエリザベスは、両親とぎこちない再会を果たす。義父は喜び、母は怒っていた。インドのイギリス人社交界で存在感を発揮し始めた娘を、母はやはり重荷に感じているようだった。ジェームズもまた、妻を重荷に感じていた。彼は自分の妻が男性から注目されていることに、ずっと腹を立てていた。ジェームズが浮気を繰り返したり、暴力を振るっていたとも言われた。ジェームズと暮らす家を飛び出したエリザベスから、母は顔を背けた。エリザベスには、諦めてこれまで通りの結婚生活に戻るか、結婚生活を捨てて出て行くしかなかった。

一八四二年、義父が愛情を込めて握らせてくれた金を頼りに、エリザベスはイギリス行きの船に乗り込む。彼女は新天地に向かっていた。同船していたレノックスという若い将校との恋は、追い立てられたエリザベスにとって新しい展望に思えた。しかし四か月の航海の終わりとともに、家族に猛反対されたレノックスは姿を消した。恋の噂《うわさ》を聞きつけたジェームズは離婚訴訟を強行する。当時の法律により、二人は元配偶者が存命の間はともに再婚できない身となった。

訴訟によって思いがけない足枷《あしかせ》を嵌《は》められた少女は考える。「美しさ」に引きつけられた人々に振り回され、ふと気づけば彼女の手元には少しの金以外、何も残っていなかった。それでも生きなければならない。私は何を生業《なりわい》にすればいいだろう。離婚した女に、スキャンダルを書き立てられた女に、世間は冷たい。結婚していれば、夫の気持ちひとつで生活を左右される。

どうせ「美しさ」に引きつけられた誰かの後ろ盾を得なければ生きられないなら、一人の男性の機嫌を取るために一対一で自分を差し出すなんて、効率が悪いしリスクが大きすぎる、とエリザベスは憤慨したかもしれない。彼女は芸能界で生きることにした。

最初は女優を目指し、それからダンサーになるためのレッスンを受けた。ダンスで生計を立てるには、何か人目を引くキャラクターが必要だ。母の古いルーツでもあるスペインは、当時のイギリスの人々の興味を集めていた。「エキゾティックで情熱的なスペインの女」を演出することは、それほど無謀ではないように思えた。

一八四三年の初夏、エリザベスはロンドンの王立劇場で「スペインの踊り子」としてデビューする。新聞に掲載された名前はローラ・モンテス。エリザベス・ロザンナ・ギルバートはもうどこにもいなかった。しかし「政治的混乱によって没落したスペイン人女性」と宣伝されたローラの正体が「ジェームズ夫人」であることは、すぐに明るみに出てしまう。ローラが出自を偽装していたと知った劇場支配人は契約をキャンセルした。それでも全ての新聞がローラをこき下ろしたわけではない。初公演の直後には、ローラが考案した「スパイダー・ダンス」に度肝を抜かれた人々の間で、彼女は一躍話題になった。——にせもののスペイン女。恥知らずな詐欺師。スキャンダラスな夫人。到底プロのレベルじゃない。いや、しかし、あのダンスが芸術的だったのは事実じゃないか？　いや、エロティックの間違いだろう。顔や身体《からだ》は素晴らしかった。本人は確かにスペイン人だと主張しているぞ。そんなの嘘《うそ》に決まってる。

とにかくその年、ローラ・モンテスが有名になったことだけは疑いようがなかった。

＊

関係を持ったことがある人も、ない人も、あらゆる人々がローラを好き勝手に褒め、好き勝手に貶《けな》し、好き勝手に群がり、好き勝手に遠ざけ、また好き勝手に褒めた。ロンドンで仕事を続けることが難しくなったローラは、イギリスを後にする。

ドレスデンでは音楽家のフランツ・リストと苛烈な恋に落ちた。これからのキャリアを考えた打算も、リストの才能に打たれる心も、どちらも彼女の真摯な本心なのだ。既に揺るぎない名声を得ていたリストと、どこへ行ってもスキャンダルや騒ぎを引きおこす美女として注目を集めていたローラのカップルは噂の的となった。自分のしたいようにするという行動指針において、ローラとリストはよく似ていた。疾走感のある恋は一度は激しい諍《いさか》いとともに散々な終わりを迎えたが、別れたあとの二人には友情が生まれる。リストはローラの名をさらに広く知らしめ、パリの有力者とのコネクションを作ってくれた。ローラにとってリストは、自分と同じくらい激しく、自分と同じくらい率直で、自分と同じく身一つで進んでいく、同志のような存在だったのかもしれない。

ワルシャワでは、ポーランド王国の指導者の座に就いていたロシア帝国の軍人、パスケヴィッチたちを軽くいなした。ロシア帝国による圧政への反発が高まっていた一八四〇年代のポーランドで、パスケヴィッチたちと対立することは、暴動を鼓舞する効果があった。危険人物と見做《みな》されたローラはワルシャワにいられなくなる。安全のため、成功のため、生きるため、ローラは河岸《かし》を変え続ける。

パリでは、リストの働きも手伝ってジョルジュ・サンドやヴィクトル・ユゴー、バルザックを始め、あらゆる著名人と知り合った。その華々しい交友関係の中に『ラ・プレス』紙を刊する新聞社の記者、アレクサンドル・デュジャリエがいた。デュジャリエと出会った一八四四年にはローラはまだ若者だったが、既に深い知識と計り知れないほどの経験を持っていた。彼女たちは知的な喜びを感じ合った。彼は他の男のように突然キスを求めたりはしなかった。オペラ座での最初の舞台はローラのセクシーさばかりが注目され、ダンスには批判的な報道が優勢だったが、デュジャリエはローラの公演をサポートしてくれた。

共和派の重要人物だったデュジャリエと、ローラはよく政治の話をした。
ようやく安寧を見つけたかと思った矢先、デュジャリエは敵対する『ル・グローブ』紙の一味に陥れられ、決闘で命を落とす。絶望するローラにはお構いなしで、彼女が決闘の原因なのではないかという噂がまことしやかに囁《ささや》かれた。この人となら人間同士として生きられるかもしれないと思った、初めての男が死んだ。私が決闘に行けばよかった。もう何を悔やんでも遅い。温かい喜びに満ちた日々の全てが失われてしまった。そんな癒やしようのない彼女の悲しみに目を向ける人はあまりいなかった。ローラはパリの街を見限り、自分が去ることで耐え難い物語を終わらせた。

旅の果てに流れ着いたバイエルンでは、国王ルートヴィヒ一世による全面的なバックアップを獲得する。スパニッシュダンスの発展を後押しするよう願い出たローラに、もとより芸術に関心の高かったルートヴィヒ一世はすぐに夢中になった。二人が初めて会った日に、ローラの胸の大きさが本物かどうかを国王が尋ねたというのは、あまりにも有名で冗談半分に語り継がれている逸話である。国王はローラに政治についてのアドバイスも求め、ローラは喜んで応えた。自由主義的・反聖職者的なローラの息がかかった政策は、保守的な内閣とイエズス会からの反感を買い続ける。王がローラに市民権を与えようとしたことや、ローラを糾弾する大学を閉鎖したことが事態を加速させた。自宅を取り囲み石を投げ

つけるバイエルン国民にローラは怯《おび》えなかったが、一八四八年の二月、ついに追放される。ルートヴィヒ一世は愛人が国を去ったあと、一か月ほどで退位に追い込まれた。

＊

この頃のローラを描いた数多《あまた》のフィクションの中に、映画『歴史は女で作られる』がある。「落ちぶれた」ローラが、サーカスの客寄せに人生を切り売りしたトークと危険な芸を披露して、観客の下世話な興味を満足させるというストーリーだ。

サーカス団長が「猛獣より残忍な野生の女、ローラ・モンテスはどんな不躾《ぶしつけ》なご質問にも喜んでお答え致します」と彼女を紹介する。台座に座ったローラはくるくると猛スピードで回転させられる。「タイツをつけずに踊ったのはどこの劇場?」「子供はいないの?」「色恋と金、どちらが好き?」「シュミーズはつけている?」眩暈《めまい》に襲われて答えられないローラの代わりに、団長が鞭《むち》を鳴らしながら勝手に回答を喚《わめ》き散らす。マックス・オフュルス監督の指揮のもとフランスと西ドイツの合作で作られ、一九五五年に公開されたこの映画は、ヒットしなかった。

映画の中や現実世界の人々が、ローラを描いたフィクションを楽しむ。いつも注目を集め、想像を超える行動をやってのけ、周囲を圧倒してばかりだというのに、ときどき迂闊《うかつ》で人間らしい失敗をする人間——とりわけ女——がいきり立っているとき、人々は楽しむ。

自分の身には降りかからないドラマのようにほんのりと憧れながら、それでいて目の前で何か面白い穴に落ちないだろうかと期待する。穴に落ちれば「やっぱり足を踏み外し続ける人生だったのだ」と安心する。悪い女だから、踏み外す。そんな必然が存在するかのように、自分たちの清らかさを担保するのだ。

ルートヴィヒ一世と別れたローラは束《つか》の間、ロンドンに落ち着く。ヒールドという若い男性と結婚し、再出発を試みた彼女は、しかし彼の親戚によって告発されることになる。罪状は重婚だった。もうローラにとって思い出す意味もないほどの昔、まだ女性一人で生きていけなかった頃に手を取った元夫、ジェームズとの婚姻歴が彼女の足を引っ張った。

ロンドンを再び見限ったローラはアメリカに渡り、最初は歓迎された。自身の半生をテーマにした公演には連日客が詰めかけた。しかし興行収入は次第に低下する。映画『歴史は女で作られる』のラストには檻《おり》に入ったローラが一ドルで手にキスをさせるシーンがあるが、近しいことを実践していたとも言われている。彼女はまた旅に出発し、アメリカとオーストラリアで数人の男性と出会い、親密になり、別れを繰り返した。

ファム・ファタルとは、男性を破滅の運命に導く女性である。しかしローラは本当に導いたのだろうか。生きるため自分の運命に立ち向かっていたローラに、他人の運命を気にかける暇があっただろうか。

セクシーだね、美しいね。ふしだらだね、悪い女だね。彼女はそう呼ばれて噂の種になることを望んでいるのだ。どちらかというと目立ちたい方なんだ。男を破滅させずにいられないのだ。だってファム・ファタルだから。そんな女に最も効果的な罰は、きっと加齢だろうね。男が群がらなくなった寂しい晩年だろうね。

四十歳を目の前にしてキリスト教信仰に安らぎを見出《みいだ》したローラ。一八六一年に病気でこの世を去ったとき、独りぼっちでベッドに横たわり、親しい人間に看取《みと》られなかったローラ。そんなローラをたくさんの伝記が揶揄《やゆ》している。

しかし、元を辿《たど》れば男性に支配される生き方を強要されたくない一心で、彼女は走り出したのではなかったか。走って走って辿り着いたそんな人生の終わりに、男性がそばにいたかという評価基準を持ちだすのは、あまりに些末《さまつ》な目盛りを過信しているのではないか。自分たちの清らかさを測るために彼女の奔放さを使った人々は、彼女を測るには小さすぎる目盛りしか持たなかったのだ。

# マーガレット・ミード

## 生きるために他者を知る、でも一言で言い表せることなんてある？

自分の輪郭が揺らぐとき、どうやって取り戻せばいいのだろう。部屋でひとり、鏡を見つめて自問自答しても答えが得られないときには、どこを探せばよいのだろう。私は誰なのだろう。私に私を見失わせるのは誰なのだろう。私を縛るものは何なのだろう。

マーガレット・ミードが一九〇一年に生まれた家は、女の子が自信をなくし、自分は何者にもなれないと思わされるような環境ではなかった。母・エミリーはイタリアからの移民の調査研究に携わる社会科学者でありフェミニスト、父方の祖母のマーサはかつて校長も務めた教師だった。マーガレットは両親から「パンク（ちんぴら）」という親しみを込めたあだ名で慈しまれ、二年後に弟のリチャードが生まれたときには、マーガレットが「オリジナル・パンク」、リチャードが「ボーイ・パンク」と呼ばれた。父・エドワードはペンシルバニア大学の経済学の教授で、両親の仕事や研究のために一家は引っ越しを繰り返した。マーガレットと弟妹たちは、ハイスクールまではマーサに勉強を見てもらったり、方々の街でその土地の人に技術を学んだ。

エドワードは地位や名声に興味がなく、「教養と仕事と家庭と子供を持ち、尊重される女性」を好ましく感じていた。しかし同時に、彼は家庭内で尊大で独善的な存在でもあり、エミリーの注意が自分に向いていないと嫌がった。エミリーが積極的に穿《は》かせようとするブルーマーにも、幼いマーガレットは反発心を抱いた。マーガレットは両親を尊敬しながらも、マーサに最も愛情を感じるのだった。

マーガレットがハイスクールを終えようとしている頃、エドワードはその独善的な考えから前触れなく進学に反対し、彼女の人生を左右した。父はマーガレットがルーサー・クレスマンという牧師志望の青年と結婚するつもりであることを理由に、父の友人はマーガレットが女性であり小さな体つきであることを理由に、大学へ行っても無駄だと言い張ったのだった。結局マーガレットは金銭的な援助をしてもらうために、エミリーの作戦に従い、進学先をエミリーの母校からエドワードの母校に変更しなければならなかった。

そうして一九一九年に入学したデポー大学は、つまらなかった。生徒はあまり学業に熱心には見えず、学校を牛耳っていた女子学生の社交クラブは、画一的な女性像から大きく外れているマーガレットを拒絶した。自分はこれまでと何も変わっていないのに、ある日突然、疎外される側に立たされる。それも、自分が持ち合わせている素質を根拠に。それは不思議で我慢ならない経験だった。

一年後、マーガレットはニューヨークのバーナード女子大学へ移る。こっそり婚約したルーサーがニューヨークにいたし、都会で勉強したかった。男女共学のデポーで優秀な成績を取って男子学生から白い目で見られることも鬱陶しかった。バーナードでマーガレットは意欲的な友人たちと部屋を借り、本や映画や詩を浴びても変な顔をされず、勉強に打ち込める環境を手に入れる。ルーサーと婚約していたおかげでデートの相手を探さずに済むことは都合がよかった。

＊

新天地で英文学を勉強したマーガレットは、既に詩人として評価されていた友人の才能を前に作家になる道を諦め、心理学を専攻し、社会学を学び、人類学の授業に辿《たど》り着く。それはバーナード女子大学と提携していたコロンビア大学の、フランツ・ボアズ教授のクラスだった。フランツは気難しく、授業も難しかった。クラスには助手が一人いて、彼女はルース・ベネディクトといった。

マーガレットより十五歳年上で、控えめで、口下手で、いつも地味な服を着た、詩を書くらしいこの女性は、マーガレットを魅了した。ルースは夫のスタンレーに軽んじられていたが、結婚生活を無事に推し進めようと努力していた。夫の資金援助に頼って研究活動をするほかなく、一方では夫に食べさせて貰《もら》えるという理由で正式な給料が支払われるポストを貰いそびれ、それでも人類学を人生の指針に据えていた。マーガレットは将来についてルースに相談し、人類学へ進むことを決めた。

金に困っていたのはマーガレットも同じだった。父エドワードはマーガレットとルーサーの結婚に反対し、取りやめるなら世界旅行を援助しようと提案した。娘が言うことを聞かずに一九二三年に結婚式を挙げたので、彼は大学院の学費を援助しないことに決めた。マーガレットは支援者と仕事を探さなければならなかった。ルースはマーガレットに小切手を送ってくれた。結婚しても名字を変えなかったことについて、人々はマーガレットにたびたび説明を求めた。

一九二〇年代には世界各地の文化が急速に欧米の影響にさらされ、変化し、失われかけていた。欧米の多くの人が、自分たちの文化は優れたもので、それ以外の文化は未成熟で学ぶところのないものだと考えていた。

マーガレットはフランツ・ボアズ教授からネイティブ・アメリカン居留地で消えゆく生活習慣を調査するように言われたが、気が進まなかった。一九二四年の英国科学振興協会の会議で会った人類学者たちが、それぞれ専門的に研究している民族――他の誰も知らない「自分だけが語れる『民族』」を「持っている」ことを、マーガレットは羨んだ。フランツは学生への親心から、彼女が希望している南太平洋は、若い女性が一人で行くには危険すぎると反対した。マーガレットは、娘が自分以外の男性に指図されることを嫌がるエドワードの封建主義的気質を利用し、フランツを説き伏せた。

行く手を阻むのはフランツだけではなかった。今度はフランツの弟子でもあり、マーガレットともルースとも詩を送り合うほど親しく付き合っていた人類学者、エドワード・サピアが彼女を引き留めようとした。調査地がサモアに決まったと知ったサピアは過剰に心配し、中止するようフランツに訴えた。彼は女性が家庭に入ることを自然だと考えていた。ルースはサピアからマーガレットをかばい、フランツを勇気づけてくれた。一九二五年、ようやくマーガレットはサモアに向けて旅立つことができたのである。

＊

言葉を覚え、生活の中に間借りし、人々の信用を得て、若者たちと打ち解ける。調査の方法は自分で考えなければならない。サモアの若者が大人へ成長していく過程は、アメリカの若者よりも穏やかで大らかに感じられ、その違いはアメリカの社会で生きる人々のヒントになりそうだった。マーガレットはサモアから大量の手紙を出し、その多くはルースのもとへ届けられた。

調査を終えたあとは、一年間ヨーロッパへ留学していた夫のルーサーとマルセイユで会う約束だった。マーガレットはフランスへ向かう船の中、同乗していた心理学者であり人類学者のレオ・フォーチュンと親しくなる。九か月ぶりに同業者と思いきり話せる喜びはレオを魅力的に見せた。たとえ彼が、妻に「好きにさせてくれる」ルーサーと違い、強引で嫉妬深い一面を覗かせていても。

帰国したマーガレットはニューヨークでアメリカ自然史博物館の民族学のキュレーター助手の仕事に就き、『サモアの思春期』を書き始める。一九二八年に本が完成するとルーサーと離婚。レオと結婚すると、出版の反響も待たずに二人でマヌスでのフィールドワークへ向かった。再び帰ってみると『サモアの思春期』は彼女を一躍有名にしていた。人類学の博士号も取った。新しい本を出しては、また夫婦でフィールドワークへ。

生活は順調に思えたが、出会った頃からレオとの間にあった暗雲は次第に濃くなっていった。一九三一年のニューギニアでの調査はトラブル続きで、二人は案内人に置き去りにされ、予定外にアラペシュ族とムンドグモル族を研究することになる。レオは自分ばかり重要なテーマを取り、つまらなく思えるテーマを妻にあてがおうとした。彼の態度はだんだん乱暴で侮蔑的になり、暴力をふるう日もあった。極限状態の調査の中、近くでイアトムル族の調査をしていたイギリスの人類学者グレゴリー・ベイトソンと出会ったとき、マーガレットはほっとして新たな恋に落ちた。レオとは対照的にグレゴリーは親切で穏やかだった。さらにチャンブリ族の調査を経てアメリカに戻ると、マーガレットはそれらを原稿にまとめる。女性らしさと男性らしさとは生まれ持ったものではなく、社会が促すものだという検証は一九三五年に『性と気質』という本になった。マーガレットはセクシュアリティや性役割が文化の中でどのように形作られていくのかに興味を持っていた。足を引っ張ろうとする男性研究者と競合しないためという戦略を差し引いても、目を背けがたいテーマだった。こんな風に生きなければならない、反対にこんな風には生きられないと、私に、人々に、感じさせているのは誰なのだろう。無意識の中で私を縛るものは何なのだろう。記録して、整理して、導き出す。書き留めても、書き留めても、全ては移り変わっていく。

出版と同じくしてマーガレットはレオと離婚し、翌年グレゴリーと結婚する。結婚後グレゴリーと向かったバリ島でのフィールドワークは、彼女にとって幸せな時間だった。

ルースはいつだってマーガレットの力になってくれた。一九三一年の夏、コロンビア大学の女子学生が、調査中のアパッチ族の居留地で殺害される事件が起きた。マーガレットとルースは女子学生が女性だったから殺された可能性が高いと理解しながら、それでも彼女がミスを犯したことが原因だとした。この事件によって、女性の人類学者がフィールドワークを制限されないように尽力する必要があったのだ。この頃、ルースは夫のスタンレーと別れた。一九三四年にルースが出版した『文化の型』は、様々な文化に見られる行動パターンの形成について研究した専門書にもかかわらず、アメリカで大ベストセラーになった。コロンビア大学は控えめなルースに、ようやく正式な給料の出る助教授のポストを用意した。どんなに忙しくてもルースはマーガレットの書いたものを全て読み、マーガレットもルースの書いたものを全て読んだ。ルースはグレゴリーとの結婚を喜び、祝ってくれた。

＊

第二次世界大戦が始まった一九三九年、グレゴリーとの娘・キャサリンが産まれる。医者から妊娠は難しいと何度も言われ、流産を経ての出産だった。グレゴリーが祖国の役に立とうとイギリスへ旅立ったとき、マーガレットが戦争に役立つために食習慣委員会や遠方文化研究の仕事に就いているとき、あるいは調査で不在にするときには、友人たち、特に学生時代の級友マリー・アイケルバーガーたちが疑似的な家族としてキャサリンを見守ってくれた。マーガレットがサモアで研究した家族のように。

マーガレットの影響力は、成熟とともにますます混乱しつつあったアメリカで、どんどん強くなっていった。話し上手な彼女の講演会はいつも盛況だった。セクシュアリティ、性役割、人間の成長、人格の形成、育児、フェミニズム、同性愛とは何か、文化とは何か、

女性とは何か、そういった全てに新しい解説が求められる時代の中、人々はマーガレットの言説の中にも縋《すが》る思いで答えを求めた。彼女は夫の研究がうまく進むように出来る限りサポートしたが、グレゴリーは有名な妻を重荷に感じ、あるとき、別の女性と恋に落ちた。

一九四八年、ルースはコロンビア大学の教授に就任する。前年にはアメリカ人類学会長にも就いていた。そしてその年の九月に彼女は突然亡くなった。ルースが倒れてから亡くなるまでの五日間、マーガレットはずっとベッドのそばにいた。マーガレットの著作はずいぶん膨大なものになっていた。もう誰も、書いたものを全て読み、心から対等に話してくれる人はいないのだ。

キャサリンが出産した一九六九年、マーガレットは祖母になった。一九五〇年にグレゴリーと離婚したのは自分の意思だ。一九六〇年にアメリカ人類学会長になったのも、自分の業績によるものだ。だけど愛するマーサと同じく祖母という立場になったのは不思議だった。自分は何もしていないのに、他者との関係の中で、自分が変わるなんて。

人類学の在り方も、かつてとは変わっていた。いつしかケープを羽織り先がふたつに分かれた杖《つえ》を持ったマーガレットの姿は、人類学のアイコンとなっていた。誰もがマーガレットにちょっとした意見を求め、あるいは意見なんて求めていない、早く引っ込めと悪態をついた。
一九七八年にすい臓癌《がん》と診断されたとき、袂《たもと》を分かちながらも長年の研究のパートナーでもあり、まだ親しみを持っていたグレゴリーも癌を患っていた。マーガレットは鎮痛剤を飲み、キャサリンに付き添われながら、何事もなかったかのように会議に出席した。病床にも多くの人が詰めかけ、マーガレットを求め続けた。マーガレットは今生の別れではないと言い張ってキャサリンをイランの自宅へ帰らせ、回復すると信じたまま、ニューヨークで亡くなった。

*

マーガレットの死後、いくらかの人類学者が現地に行かずに本だけでその土地土地の人々を物語化するように、多くの人がマーガレットを断片だけで物語化した。ニュージーランドの人類学者デレク・フリーマンが『サモアの思春期』の脆弱《ぜいじやく》性を暴こうと立ち上がった。サモアの少女たちが話を大げさにでっちあげ、若くて世間知らずな女性人類学者がまんまと騙《だま》されたのだ、という主張はセンセーショナルだった。マーガレットの言説への批判はサモアだけではない。マーガレットが調査対象者との力の不均衡や、一次的な外的要因を見落として仮説を立ててしまったという指摘は、他の研究者からもいくつか挙げられている。ルースが一九四六年に出版した、日本についての文化論『菊と刀』も、日本よりもヨーロッパの文化を上に位置づけていると批判された。それらはフランツをはじめ、マーガレットやルースが最も忌避し、注意してきたはずのことだった。マーガレットへの批判は正当なものと、「女性ならではの過失」をことさらにこき下ろそうとするものとが入り乱れていた。マーガレットから大いに影響を受けてきたアメリカの人々は、デレクの説について彼女を擁護したがった。あまりに大きな文化の渦が、あまりに巨大な存在になったマーガレットを取り巻いていた。

マーガレットの愛情は決してグレゴリーにのみ注がれたのではなく、同じだけルースにも向けられていたことを明記したのは、娘のキャサリンだった。キャサリンは一九八四年に、母が隠してきたことを彼女の仕事の価値を描きだすために触れるつもりだと、マーガレットの伝記にもあたる自分の本で言葉を選びながら語った。アウティングという言葉が雑誌『タイム』で初めて使われ広まったのは一九九〇年である。マーガレットはルースが亡くなったあと、ルースの伝記と作品をまとめた本を出版した。既に亡くなった人たちが、自分が彼女たちについて書いたことを真にどう思うかは、もう絶対に分からないのだと、マーガレットは分かっていた。

自分以外の何かについて書くことは危険でもある。みんなが勝手なことを言う。失われていくものを伝える手段を持っているのは、まだ失われていない他者しかいない。記録して、整理して、導き出す。
そうして書き留められた言葉だけが、今ここに残っている。

# 吉屋信子

## すばらしい未来を描くために、今をなぞらざるを得なくても

今生きている世界の理不尽さに疲れ果て、理想の世界を探し求める。それは全てを振り解《ほど》いて自由に生きることのように思えるが、実際には自分を縛りつける世界を点検し続ける、苦しい作業なのかもしれない。却《かえ》っていっそう強く縛りつけられるばかりなのかもしれない。ようやく辿《たど》り着いたとしても、その理想の世界は今生きている世界の枷《かせ》の中にあるかもしれない。それでも探さずにはいられない。ここでは安らぐことができないから。

一八九六年に生まれた吉屋信子《よしやのぶこ》は、この世界が彼女にとって心から安らげる場所ではないとすぐに気づいた。地方官吏の父・雄一の赴任先である新潟で生まれた信子は、転勤に従って引っ越しを繰り返す。しばし落ち着いたのは父が足尾銅山鉱毒事件のあと、谷中村での対応を任ぜられた栃木だった。四人の兄たちが一番下の妹に横暴な態度を取ったり、時には小突き回しても、母・マサは叱らなかった。女は男に従順であるべきだと考えてい

たからだ。それは初めての娘の誕生を喜んだ父も同じだった。妹は兄に、妻は夫に、母は息子に従わなければならない。女の子は勉強より家事ができなければならない。一九〇七年に信子のすぐ下の弟が病気で亡くなったときには、責任は全て母にあることになった。同じ言葉を話すのに、まるで異なる星から来たかのように通じ合えない。それが家の中だけの特殊な出来事ではなく、この世界全てに共通する認識なのだと気づくまで時間はかからなかった。

その頃、世の中では女児向け雑誌が創刊ラッシュを迎えていた。母に何度も頼んで買ってもらった『少女世界』は、やり場のない苦しみを忘れさせ、夢中にさせてくれた。少女は、少年に追従《ついじゅう》しなくてもいいのだ。ああ、少女は少年のことを考えず、少女のことを考えていいのだ。それは解放でもあり、戒めでもあった。少女雑誌そのものが、少女に少女らしさの規範を教え、「良妻賢母」の育成を目指して作られたものでもあったからだ。

高等女学校に入学した十二の年、学校の講演会で新渡戸稲造《にとべいなぞう》が放った一言にも信子は心を打たれた。

――良妻賢母になる前に、一人のよい人間とならなければ困る。教育とはまずよき人間になるために学ぶことです。

ああ、女も人間になるのだ。少女も人間になれるのだ。それは希望でもあり、倦怠でもあった。女学校に女性の教師はいても、校長などの要職に就けるのは決まって男性だったからだ。

樋口一葉や泉鏡花を手当たり次第に愛読し、信子は自分でも文章を書くようになっていた。投書した文章が少女雑誌に掲載される。誰かが投書した文章を読む。自分の文章を読んだ誰かがまた、誌上で応援のメッセージをくれる。それは良妻賢母教育に疑問を持たない級友や、相容《あいい》れない家族と接するより、自分が広い世界と繋《つな》がっていることを実感できる瞬間だった。十四歳のとき、自作『鳴らずの太鼓』が雑誌『少女界』の懸賞小説に一等で入選した。賞金は十円。自分で稼いだ金だ。『少女世界』では、賞の常連に贈られる栴《せん》檀《だん》賞のメダルも手にした。大人向けの雑誌にも投稿を始め、入選賞品の図書券でまた本を買う日々。

両親は娘の才能を喜ばなかった。いずれ嫁に行くしかない女には、文才など邪魔なだけだと考えていたからだ。女学校を卒業したら東京で勉強したいと主張したが、当然許してもらえなかった。勉強がだめならせめて記者の職に就きたいと望んだが、これも却下。花嫁修業など始めさせられるも、全く手につかない。苦し紛れに始めた近所の小学校教員の仕事も辞めてしまった。だって、私は小説家になりたいのだ。投書を続けるだけでは職業にはならない。勉強したくても進学は許されない。私はこのまま何者にもならず、いやお

うなく結婚させられ、誰かの妻として、良妻賢母として生きなければならないのだろうか。そんなはずはないのに、そういうことになっている。女として生まれ、女として取り扱われる、ただそれだけで生き方まで狭められることになっている。

家族の中で唯一信子に理解を示した三番目の兄・忠明が、東京に下宿していた。退任した父を説得し、難色を示す母を説き伏せ、一九一五年、信子はようやく家を出た。

＊

一九一五年は、『青鞜《せいとう》』が平塚らいてうから伊藤野枝《いとうのえ》に引き継がれた年だった。すなわち平塚らいてうが、『青鞜』メンバーである尾竹紅吉《おたけべによし》（こうきちとも呼ばれた）と交際し、その「同性の恋」がさんざん報道のネタにされ、そうして別離を迎えたあとだった。信子は、山田わか・嘉吉《かきち》夫婦を通してらいてうと知り合い、『青鞜』にも寄稿している。

上京の翌年、雑誌『少女画報』に信子が送った『鈴蘭』が掲載され、まもなく『花物語』として連載が始まった。女学校や寄宿舎を主な舞台に、女性どうしの友愛や恋愛を描いた『花物語』はすぐに女学生たちの心を捕らえた。

一八九九年の高等女学校令によって、大人になろうとする女性にも広く学生時代がもたらされた。学生時代は少女たちに、同じ思いを持つ同志で生きる道について語り合い、親しみを寄せ合う貴重な時間をくれた。自分たちの置かれている状況のままならなさに気づくきっかけにもなった。しかし間違いなく、少女が女性になり結婚するまでの猶予期間に、彼女たちを安全にプールしておく場でもあった。

高等女学校の勉強は良妻賢母を育成するためのものであり、少年が通う学校のカリキュラムとはもちろん異なっていた。それは少女雑誌が、少女を少年の一部ではなく独立した存在として取り扱って彼女たちを喜ばせながら、同時に少女に求められる行動規範を刷り込んでいくことと似ているかもしれない。それでも言うまでもなく、対等に語らい、対等に想いを寄せ合える時間は、学校を出ればほとんど手に入らない無二のものだった。多くの女学生たちが、同胞と友愛や恋愛の情を育んだ。そしてその感情が何であれ、女性どうしの思慕は、いつでも異性愛未満のものとして取り扱われた。

ゆえに、生涯「独身」だった信子の恋愛は、しばしば「深い友情の結びつき」として曖昧にぼかされる。

『花物語』の連載が回を重ね、東京暮らしにもすっかり慣れた頃。兄・忠明の家を出て移り住んだ女子寮で、信子には恋人ができた。恋人は信子に、「劣っている女性が優れている男性に従属することが当然」とされるこの世界で、女性どうしが支え合い愛し合うことの安らかさを教えた。同時に、女性を「男性よりも劣っているもの」「男性に従属して生きていくもの」として取り扱うこの世界のせいで、女性どうしの愛が立ち往《ゆ》かなくなる困難さをも教えたのだった。思えば、恋愛や性愛に限らず、女と女の関係は社会構造によって機会を制限されていた。男性教師が要職を占めた女学校で、生徒たちが相対的に女性教師を、ひいては自分たち女性を劣った存在と見做《みな》したように。母マサが父と義母から家の中で最も地位の低い存在と見做され、信子をもそう教育することを疑わなかったように。その光景を見た人々は笑いながら確信する。ああ、やはり女に「友情」などないのだと。

一九一九年、大阪朝日新聞の懸賞に送った小説『地の果まで』が当選する。父はその直前に、娘の大きな栄誉を待たずに亡くなった。母は父にこの晴れがましい報《しら》せを伝えてやりたかったと泣いた。喪の悲しみの中で書いた小説『屋根裏の二処女』は、信子の信じたい女性どうしの恋愛の姿だった。小説の中には、安らぐことのできる世界があった。


門馬千代《もんまちよ》が信子と出会った一九二三年、彼女は女学校の数学教師だった。年齢は信子より三つ下。友人の山高しげりに紹介された日から、信子が先に亡くなるまでの五十年間、そして亡くなったあともずっと、人生を共にしたパートナーである。信子が日記に同性愛について記し、信子と千代が大量に愛の手紙を交わしているにもかかわらず、二人の関係は現代でも、しばしば「友人」として扱われる。

女性と男性なら、こんなことで悩まずに済んだのに——と呆れ返る経験は、信子と千代にとって一度や二度ではない。二人が出会ってすぐに恋に落ちたその年の秋、関東大震災が起きた。何かあっても駆けつけられない恐怖と、互いの無事を喜ぶときでさえ家族の目を気にしなければならないわずらわしさを経験し、二人は一緒に暮らし始める。しかし震災で職場が焼けてしまった千代が山口県の女学校で働くことになり、楽しい生活は一転して遠距離恋愛となった。最初は、もちろん信子も一緒に向かった。しかし引っ越し先の下関で二人は目立ってしまった。ものめずらしいおかっぱ頭の女性が、新任の女性教師のパートナーらしいなどと噂《うわさ》が広まれば、どうなるかは分かりきっていた。千代は働いて家族を養わなければならない。その金を信子が肩代わりすることを千代は許さなかった。千代の立場を案じた信子は一人東京へ戻る。十か月のあいだ、二人は激しく手紙を送り合った。だけどこの距離はいったい何だろう？　夫婦でさえあれば、たった今この瞬間も一緒にいられたはずなのに。

　千代は信子の性格を理解し、作品を理解し、情熱的で衝動的な信子と同じくらい強く愛を投げつけることができ、言いにくいことも思い遣《や》りをもって指摘してくれる存在だった。信子が千代に早く東京へ戻ってほしい一心で、千代の仕事を確保する目的で個人誌を作ろうとしたときには、心を砕いて難色を示している。劣化した模倣作が出回り、信子自身の連載も積み重ねられた『花物語』の作風に、いずれ限界が来ることも、千代はしっかりと言葉を選んで手紙に書いた。それは間違いなく千代の自立した心から出た言葉で、間違いなく信子を想って出た言葉だった。

『花物語』はその多くを、生死を問わない別離で締めくくる。社会が変わらない限り、女性が従属を強いられる存在である限り、女性と女性の現実的な関係は変わらない。別離や、忘却や、死を以《もっ》て得る成就は、彼女たちが自分を騙《だま》して、生きるために男性と結婚するしかない結末よりは理想的と言えるのかもしれない。それでも、世界の中に女性の生き場所がもっとあれば——女性の生き場所を作ることができれば——。信子の力は、社会にそんな影響を与えるに至るまで、少しずつ大きくなりつつあった。

一九二五年、千代がようやく下関から帰ってきた。信子は下落合に二人のための家を建てる。一九二七年に、『地の果まで』、その後に書いた『海の極みまで』に続く『空の彼方へ』の連載が始まり、その頃には信子は大衆作家として人気を博していた。翌年、全集の発売ブームでまとまった印税が入った信子は、千代と連れ立って、ヨーロッパ旅行へ出発した。パリで、ロンドンで、ヨーロッパの街々で、それからアメリカで、信子は日本とは全く異なる様子の女性たちを見た。日本から出たとたん、のびのびと振る舞う同郷の女性たちをも見た。一人の人間として生きる女性たち。従属と忍耐を以て良妻賢母となる以外の選択肢を持つ女性たち。死を以て想いを守る以外の抵抗を体現する女性たち。

世界旅行から戻った信子は、一九三〇年に連載が始まった『暴風雨の薔薇』をはじめ、この生きにくい世界の中で、成熟した女性がどうにかして尊厳を、思慕を、友情を、自我を死守しようとする作品を次々に発表する。執筆は多忙を極め、一九三六年に『良人《おっと》の貞操』の連載が始まる頃に、彼女の名声は不動のものになっていた。女性にだけ貞淑さが求められ、男性だけが見逃される不均衡への批判をタイトルに冠したこの作品は大成功を収める。そして有名作家となった信子が次に雑誌『主婦之友』から依頼されたのは、翌年に始まった日中戦争に関する従軍ルポルタージュだった。

＊

従軍ルポルタージュに加え、一九三九年に東京日日・大阪毎日新聞で連載された『女の教室』は、信子の戦争協力を批判する有力な材料だ。女子医学専門学校の授業で一緒になった七人の女性の青春、卒業、結婚、仕事などの人生のステージを、日中戦争の中に描く物語。登場人物の女性たちは、当時の多くの人々と同じように戦争に肯定的な態度を取ったり、中国を悪《あ》しき存在として扱ったり、朝鮮の間違ったイメージを信じ伝えたりする。戦争によって結果的に女性が社会進出する機会が発生した歴史的事実を写し取るように、彼女たちは戦争に参画し、物語の中で、読者の中で、社会の中で「女」の存在感を押し上げる。女が国家にとって子を産む以外に役に立たないと考えられていた時代に、母にならない女性が、職業婦人が、戦争について考えを話し、日本を鼓舞し、存在価値を示す。そんなミッションを登場人物たちは託されていたかもしれない。それは信子が今生きている世界の理不尽さを憎み、理想の世界と現実の世界を少しでも近づけようともがき、却っていっそう強く枷に縛りつけられた結果なのかもしれない。
いずれにせよ、社会に対して強大な力を持った信子の作品は、読者である女性たちに限らず、人々に少なくない影響を与えた。太平洋戦争が始まり、日本は敗戦に向かって走る。言論統制は厳しさを増した。信子の書くものにも例外なく規制は及び、日々、書けなくなっていく。東京の家も焼けた。疎開していた鎌倉で、信子は終戦を迎えた。

戦後の混乱の中でも、ますます仕事は増えていく。一九五〇年、母マサが亡くなった。娘の成功を誇りはしても、最期までとうとう女性の生き方について折り合いがつかない母だった。女と女はまだ分かり合えないのだろうか。愛し合うことができないのだろうか。若い頃、下関から帰る千代を待ちながら、これから再び始まる二人暮らしに思いを馳《は》せ、信子は「(女性どうしが結婚できるように)そのうち私は法を改正させるつもりだが」と書いた。一九二五年のことだった。それから三十年以上経《た》っても世の中は変わっていなかった。一九五一年に書き始めた『安宅家《あたかけ》の人々』が話題を呼び、翌年には『鬼火』が女流文学賞を受賞した。かつて若い女だった信子の活躍をそねみ男性作家がたびたびあらわにした外見へのバッシングも年齢とともに最盛期を過ぎた。しかしそれでも世界は変わっていないのだ。女と女はほんものの関係と見做されないのだ。女はほんものとして取り扱われないのだ。あれだけ書いても、書いても、理想の世界はまだ実現していない。六十一歳の年に、信子は千代を養子にした。

「娘」となった千代と、信子は鎌倉に移り住む。仕事は減るどころか、書きたいものがますます浮かび続ける。女性たちの伝記である。「女流」作家伝、「女流」俳人伝、「女流」歌人伝。そして一九六六年、『徳川の夫人たち』の連載が始まる。男性作家によって周縁化され都合よく描かれてきた歴史の中の女性を語り直す。それは信子にとって、追い求め、現実が追いつかないように感じられた理想の世界が、ほんとうは歴史の中にあったと信じる、女を信じる喜びに満ちた時間だったかもしれない。徳川の次は、平家だ。一九七〇年に始まった『女人平家』も人気を呼び、テレビ放送される。次は、豊臣秀吉の妻・ねねを書こう。長く続いていた体調不良の原因が結腸癌《がん》だったことが判明したのは一九七一年の初夏だった。千代は信子に病名を伏せ、ねねの資料作りを手伝った。まだ書きたい。女を書きたい。女として信じられる女を書き続けたい。一九七三年、ねねの物語を完成させずに、信子は七十七歳でこの世を去った。彼女の部屋には、やはり千代が静かに佇《たたず》んでいた。

# ハンナ・アーレント

## 考えることで全て失ったとしても、
## 考えずに自ら捨てることはできない

「そういうことになっている」というもっともらしさを掲げて、人々を動かそうとする巨大な力に、私たちはどうやって抗《あらが》えばいいのだろう。知らないうちに、あるいは知らないふりをしているうちに、頑丈に塗り固められてしまったエクスキューズに。誰もが何となく、あるいは仕方なく受け入れている不可思議な決まりごとに。立ち向かうことにリスクを伴う、しかし立ち向かわないだけで簡単に恐ろしい事態を引き起こす深い穴に。

ハンナ・アーレントが初めて出くわした「そういうことになっている」という不可思議な決まりごとは、彼女がユダヤ人であるという事実に対する、思いがけない反応となって現れた。

一九〇六年にハンナが生まれたのは、ドイツ北部の街ハノーファーに暮らす裕福なユダヤ人の家庭。社会民主主義者である母マルタと父パウルは、一人娘に惜しみなく教育の機会を作った。マルタは自ら音楽や語学や文学を教え、パウルの本棚に並んでいた本は娘の頭の中に吸い込まれていった。

ハンナが二歳の頃にパウルが病に臥《ふ》し、一家は夫妻の故郷であるケーニヒスベルク（現在のロシア連邦カリーニングラード）へ移る。ヨーロッパの多くの街と同じようにユダヤ人が経済の発展に影響していたケーニヒスベルクでも、反ユダヤ主義が表面化することはあった。

この街で暮らした子供時代から数十年ののち、ハンナは著作の中で反ユダヤ主義が成立したいきさつについて、ユダヤ人の持つ経済力のプライオリティが下がり、富を残したまま権力を失いつつあったこと、政府や国家を持たなかったために政治的経験を積み重ねた歴史がないこと、国民国家においてユダヤ人に法律上の人権が与えられ却《かえ》って「ユダヤ人が各地の民族に同化しない」という感覚が強められたことなどを指摘している。しかし幼いハンナにとって、反ユダヤ主義とは殆《ほとん》ど自分に悪い影響を与えることはできない、ごく不思議な感覚だった。

というのも、そのような不思議なできごとを見かけるのは必ず家の外であり、家の中では自分はしっかりと守られているといつも感じられたからだ。どうやら与《あずか》り知らない間に、自分の出自は人々に特別な印象を持たれることに「なっている」らしい。らしいが、その特別さは彼女自身に滲《にじ》み込んでくるようなものではなかった。マルタは差別に気づけばいつでも即座に抗議し、また娘に自身の尊厳を守るように教えた。ハンナはキリスト教徒であるベビーシッターやメイドに世話をされ、ときにはシナゴーグの礼拝へ通い、またキリスト教の日曜学校へも行った。その全てに相反する意味はなかった。少女にとってはユダヤ人であることも、ただそこにある事実に過ぎなかったのだ。

パウルは娘が七歳の年に亡くなった。空漠感がハンナに詩を書かせ、さらなる学びへと向かわせる。通っていた高校で教師に侮辱されたハンナは、授業をボイコットして退学処分になった。自分の尊厳は自身で守らなければならない。カントを読み、ヤスパースを読み、キルケゴールを読む。ラテン語を、ギリシア語を学ぶ。そうして十八歳になったハンナは大学入学資格を得て、子供時代の喪失と悲しみから独り立ちするのだった。

＊

マールブルク大学で神学を研究し始めたばかりの十八歳のハンナと、三十五歳のマルティン・ハイデガー教授が出会ったのは、一九二四年の秋だった。少女時代の寂寥《せきりよう》を乗り越えてしっかり生きようと気負い、新たな学びに燃えていた若者は、新進気鋭の聡明《そうめい》な哲学者に心酔する。マルティン・ハイデガー教授の方でもまた、非凡で、恐ろしい集中力を持ち、洞察力に長《た》け、そして「美しい」女子学生に夢中になり、ある日とうとう彼女にキスをした。

既に著名人であり妻子さえいたマルティンと、父親を失い、家にも居場所を失ったと感じ、夢に燃え、知識に飢え、ユダヤ人として不当に疎外された経験のある未成年の少女との権力勾配は明らかだった。数年間の秘密の交際ののち、マルティンは自分の未来を守るため、若い恋人を遠ざけた。遠ざけたといってもさらに数年間、マルティンのペースで関係は続き、そして彼が『存在と時間』を刊行し、フライブルク大学の教授に任命されると同時に終わった。


遠ざけられた行き先は、マールブルクから車で二時間弱のハイデルベルク大学である。マルティンの友人カール・ヤスパースを紹介されたハンナは、フッサールに学んだあと、ヤスパースのもとで博士学位論文「アウグスティヌスの愛の概念」を書く。

学生時代、彼女はのちに実存主義哲学者となるハンス・ヨナスと打ち解け、またかつて政治的な客としてアーレント家に出入りしていたクルト・ブルーメンフェルトと会う。彼らはともに、イスラエルの地にユダヤ人の故郷を建設することを理想とするシオニストだった。

一九三三年初頭にはヒトラー政権が成立していた。この頃には既に、「ユダヤ人であること」を子供時代のように、自分の道行きを変えるようなことはない、単なる事実として扱える状況ではなくなっていた。同年の二月には、四年前に結婚した夫のギュンター・シュテルンが、国会議事堂放火事件の捜査を名目とした迫害を恐れてパリへ逃れることを決めていた。一人ベルリンに残ったハンナは、シオニストたちの依頼を受けて反ユダヤ主義に関する資料集めを引き受け、そのために逮捕される。

その少し前にマルティン・ハイテガーがナチ党に入党したことも、彼女に大きなショックを与えた。ナチスに従った大学教授はもちろんマルティンだけではなかった。

運良く警察官の不手際ですぐに釈放されたハンナは、急いでドイツを脱出する。考えることを生業《なりわい》とする人間が、考えることをやめてしまう。その傍らで自分は一体なぜ、故郷を失い、母国語を話せない地に向かわなければならないのだろう。私たちをこんな風に取り扱っていいことに「なっている」不思議な決まりごとは、いつから、どこから、やって来たのだろう。

考えなければならない。考えることをやめずに、続けなければならない。

逃亡先のフランスでは、同じく追われて行き場を失ったユダヤ人の青少年をパレスチナへ移住させるための事務所で働いた。彼らが尊厳を守りながら、どうにか生きられるようにと願いながら。

ハンナはパリで無事ギュンターと再会し、協力し合って暮らしていたが、思想と生活の違いから二人はもうパートナーではなくなっていた。パリではいくつかの温かい出会いがあった。ギュンターの親族でもあるヴァルター・ベンヤミンをはじめとする、哲学者や批評家の人々である。その中に、彼女が一生を共にすることになるハインリヒ・ブリュッヒャーもいた。

＊

一九四〇年にハンナとハインリヒが結婚したのは、ビザのためでもある。その前年に第二次世界大戦が始まった以上、フランスでの彼らは「敵国民」だった。「ドイツ人でない」ためにドイツにいられなくなったというのに、「ドイツ人である」ためにフランスにもいられない。アメリカへ逃れるためのビザを同じタイミングで手に入れるために、婚姻関係が必要だった。

結婚の数か月後、フランス政府は国内に滞在するドイツ国籍者の大半を男女別に呼び立て、フランス南部の収容所へ押し込めた。ひどい環境で貧しい食事のみを与えられながら労働に従事させられた七千人の女性たちは、それでも身なりをできる限り清潔に保ち、寄せ集められた「ドイツ人」のうち誰がユダヤ人かをフランス警察に悟られないように努力した。

収容から約一か月が経《た》った六月十四日、ドイツ軍がパリを占領する。情報が入り乱れる中、ハンナを含む二百人は混乱に乗じて収容所を脱出した。どこへ逃げればいいのか分からず収容所に残った女性たちは、それから間もなくして「絶滅」収容所へと送られた。置かれた場所の陰惨さに飲み込まれないよう、少しでも良く生きようと手を尽くしていたあの女性たちは――。そのほとんどが命を落としたのだ。

奇跡的に夫ハインリヒと再会したハンナは、翌年の一九四一年にようやく、どうにかアメリカの地を踏むことができた。これからは、この新しい土地で生きなければならない。意のままに操れる言葉を失い、国籍を失い、故郷を失い、居場所と生き甲斐《がい》を失ったままで。とにかく言語の習得に奔走し、彼女はやがて英語で文章を発表するようになる。ユダヤ人の置かれている状況について。パレスチナについて。シオニストについて。ユダヤ軍創設について。あちこちで無国籍「ということになっている」人々の尊厳について。

ハンナとハインリヒが初めて、単なる地名としてではない「アウシュヴィッツ」という単語を耳にしたのは、ようやくアメリカで少し腰を据えて生活できるようになった一九四三年だった。最初は、どういう意味かよく分からなかった。それからすぐにデマだと思った。「そんな」ことはありえない。だって、わざわざ「そんな」ことをしなければならない理由があるだろうか？

しかしデマではなかったのだ。

なるべく効率よく、コストパフォーマンスを改善しながら、一度にできる限り多くの人間を殺す。今までの経験に基づいて裁くなんて到底不可能で、人間のできうる行為をもって償うなんてもっと不可能なできごとに、人類は直面してしまった。

——一体、何が起きている？

——何がこの事態を引き起こした？

自分は書かなければならない。考えなければならない。

戦争末期に執筆を始めた『全体主義の起原』は一九五一年に刊行され、ハンナ・アーレントの名前はあらゆる人々の知るところとなった。「反ユダヤ主義」「帝国主義」「全体主義」の三部から成るこの本はもちろんナチズムをテーマに据えながら、その起原をナチスやドイツのみではなく、ヨーロッパの近代的発展から辿《たど》っている。潜在的に思想と主張を持たず、導かれ一つに纏《まと》められることに安寧を見出《みいだ》す人々が、どんな風に自然に、やむを得ず、生まれるべくして生まれ、増えるべくして増えたのかを綴《つづ》っている。人間を複数の小さな「個」ではなく、一つの大きな塊として扱う手つきが、閉塞感と憤りの単純な収納場所を示す。すると人々は納得し、「そういうことになっている」という思考停止が安らかに蔓延《まんえん》する。

彼女はこの本を、前年に十七年ぶりに再会したマルティン・ハイデガーにも送っていたが、彼は意図的に反応を鈍らせた。彼自身はナチスに協力したことで立場が危うくなっていたし、かつての幼い愛人兼教え子の名前が広まりつつある事実は、マルティンにとって面白いことではなかった。

ハンナはマルティンの前で彼に貢献するしか能がない少女のように振る舞わなければならないことに失望しながらも、マルティンの哲学的功績は客観的に評価し続け、思想の矛盾については冷静な批判を憚《はばか》らなかった。だって、考えなければならない。考えたい。起きていることを理解したいのだ。

『全体主義の起原』が刊行された年の終わり、彼女はアメリカの市民権を得る。「何者でもなく、誰にも顧みられず、根拠なく不要な存在にされ、全てを失い続ける」存在ではなく、アメリカ市民になった。

そして一九六一年。ハンナは各地の大学で教鞭《きょうべん》を執っていた。戦争に体感を持たない学生も増えつつある時流の中、ブエノスアイレスで一人の男が身柄を確保された。ゲシュタポのユダヤ人移送局長官として、アウシュヴィッツへのユダヤ人移送の指揮を執っていたアドルフ・アイヒマンである。イスラエルで行われる彼の裁判を傍聴し記事を書くことを『ニューヨーカー』誌に掛け合い、ハンナはエルサレムへ向かう。

一体なぜ「あのような」ことが起きたのかを自分で考えることが、自分の使命だ。見なければならない。厳密に、目の前のものを見て考えなければならない。ストーリーではなく、大きな名前ではなく、今起きている現象だけを。

ハンナには、裁判は少し「演技過剰」に感じられた。イスラエル政府がアイヒマンを使い、若者たちにユダヤ人の苦難の物語を訴える様子は、ユダヤ人の身の上を世界的な見世物にするショーのようにも感じられた。

なにより、アイヒマンの果てしない凡庸さが彼女を驚かせた。決して快楽殺人者でもなく、独自の思想があるわけでもなく、ヒトラーの『わが闘争』を読んでさえおらず、かといって収容所で何が起きていたか知らないはずもなく、ただ思考停止し、法律を張り切って遵守しただけの、平凡な男。

——一体、何が起きている？

——何がこの事態を引き起こした？

何がアイヒマンに「そうさせた」のだろう？　どうすればこの歴史を繰り返さずに済む？　目の前のこの男を憎み裁くことで、恐ろしい出来事の芽を、未来永劫《えいごう》、摘み取り続けられるのだろうか？

たぶん、不可能だ。ナチスとアイヒマンを突出した異常者と見做《みな》し、彼らの特異性によって偶然に発生した信じられない悲劇と捉えるだけでは、再発を防止できない。アイヒマンはごく普通の、一般的な人間らしさを持っている。普通の人間が思考を止め、判断力を手放し、むしろ常識的な振る舞いとして法律に従ったのだ。その結果、人間を効率よく殺すことを全く正当な行為だと認識し、消えていないはずの良心が機能せずに済み、自ら参画していても責任は分散されると信じられる環境が実現できてしまったのだ。

『ニューヨーカー』誌に五回に分けて掲載された記事の中で、ハンナはさらに、イスラエルにおいてユダヤ民族がアラブ民族に自分たちと同じ苦難をあてがうような不条理を改善するためにシオニズムを刷新すべきだと主張し、そして、ユダヤ人評議会の一部がナチスに協力したことによって犠牲がさらに拡大したのは事実だと指摘した。

本当の意味で、もう二度とあのような惨状に流れ着かずに済むように、考え続けたかったのだ。


記事は多くの人の目に触れ、殆ど正しく伝わらなかった。ハンナの言葉は「アイヒマンも気の毒な犠牲者だ」「ユダヤ人にも非がある」と読まれ、ユダヤ人を軽んじ、ナチスを擁護する主張だと見做された。世界中に存在する犠牲者とその周囲の人々は心情的に嫌悪

感を抱いた。ナチスから圧力を受けていたであろうユダヤ人評議会を慮る知識人からも批判が寄せられた。熱く朗らかな学生時代から長年の盟友だったクルト・ブルーメンフェルトとは、とうとう分かり合えないまま永訣し、その他の友人たちも彼女を裏切り者と呼び背を向けた。

見つめ続け、考え続けた世界の中でハンナは喪失を味わう。私は民族としてあなたたちを好いているのではなく、友人として愛している。あなたたちとより良く生きられる世界に焦がれて、一緒に考えをすり合わせ、共に変化しながら、人間次第で変わる未来に向かっていきたいのに。

旧友たちが見放した哲学者は、アメリカ各地の若い大学生たちから激しい拍手で迎え入れられた。

一九七五年に心臓発作で倒れたハンナの葬儀は、ニューヨークで執り行われた。無国籍者として集団の外側に追いやられたハンナを受け入れたアメリカもまた、当然ながら手放しで賛同できるパラダイスであるはずがない。ハンナは反共運動のマッカーシズムを警戒し、ベトナム戦争の責任を問い、学生運動のあり方に苦言を呈し、ゆっくり考えることを許さないアメリカのスピード感を憂えた。

それでも、どんな場所にいても、我々は目の前で起きている事実について考えなければならない。欺瞞《ぎまん》に満ちた達成感や、ストーリーに顔を埋《うず》める安らぎを措《お》いて、何者にも与《くみ》せずに考えなければならない。考え続けなければならない。膨大な思考は、誰かに読まれ触れられたとき、そこに存在していたと証明されるだろう。そして彼女の思考に触れた人間が、また考え始めるだろう。

# 5
# 「評価」の中で

# ソニア・ドローネー

## 私を半分にするもの、倍にするもの、同時に無尽蔵にさせるもの

男女共同参画局の「夫婦の姓（名字・氏）に関するデータ」によると、二〇二二年に日本で結婚したカップルのうち約九五％が、妻の姓を夫の姓に変更している。つまり、約九五％の女性が、自分という存在を表す情報の半分を、夫の情報に書き替えている。その二〇二二年からおよそ百年前の一九一〇年十一月、日本から遠く離れたフランスで一人の女性が結婚し、姓を変えてソニア・ドローネーとなった。

一八八五年に現在のウクライナ・オデーサで生まれたとき、彼女はソニアでもドローネーでもなくサラ・ステルンであった。ステルン家は貧しいユダヤ人家庭で、五人のきょうだいは工場で働く父の収入で暮らしていた。一番小さなサラは、五歳で母方の叔父夫婦に呼び寄せられ、サンクトペテルブルクへ移る。母のきょうだいの中で唯一高等教育を受ける機会を得て弁護士の職に就いた叔父アンリと、銀行家の養女だった叔母アンナのテルク

夫妻は、サラを手厚く育てた。養父母の元で、ユダヤ人女性に多いサラという名前はソニアに変えられた。

ソニア・テルクは裕福な家の令嬢として、家庭教師から英語やフランス語やドイツ語を学び、文学や哲学を愛した。調えられた居間には叔父が収集した絵画がたくさん飾られていた。家族旅行ではたびたび国外へ出かけ、土地土地の美術館を訪れた。一九〇三年、高校の美術教師に絵の才能を見出されたソニアは十八歳でドイツ、カールスルーエの美術学校へ進学。二年間描画とデザインを学び、卒業後は従兄の勧めもあり、パリに留学する。養父母からの充分な仕送りを受け、若いソニアは苦労することなく芸術に専念することができた。

パブロ・ピカソが『アヴィニョンの娘たち』を描いた翌年の一九〇八年。ソニアは熱く胸を燃え上がらせながらドイツ人画商ヴィルヘルム・ウーデと結婚し、ソニア・テルク・ウーデとなる。燃えていたのは恋ではなく野心の炎であった。同性の恋人を持つヴィルヘルムは、事業のための資金と肩書きを必要としている。ソニアが芸術を追求するためにはパリに留まり続ける口実が要る。結婚も、財産分与も、離婚も、全て親愛の情をもって冷静に、計画的に行われた。狂言離婚を遂行したあとも二人は交流を持ち続けた。

パリで学び始めた頃、ソニアはフォーヴィズムに影響を受けながら、より新しいものを描こうと励んでいた。一九〇八年頃のパリでは、アンリ・マティスがフォーヴィズムから離れゆき、ジョルジュ・ブラックがキュビズムへ歩もうとしていた。ヴィルヘルムとの生活の中で、ソニアは知名度を増しつつあったパブロ・ピカソや、ガートルード・スタインをはじめ、彼と関わりのある様々な芸術家や詩人と会うことができた。ヴィルヘルムの企画した展覧会で、ソニアの絵はピカソやマティスやブラックらと共に展示された。

ヴィルヘルムがソニアにもたらした多くのもののひとつが、ロベール・ドローネーとの出会いである。ロベールはソニアと同じ二十三歳の芸術家で、舞台装飾のアトリエで学んだあと、新印象主義やシュヴルールの色彩論に影響を受け、キュヴィズムをベースに新しい美術理論を成立させようと奮闘していた。ソニアの目にロベールの絵は詩のように映った。二年間でソニアはヴィルヘルムとの離婚の手続きを終え、そうして一九一〇年十一月、ロベールと再婚しソニア・ドローネーとなる。ロベールはモダンなモチーフであるエッフェル塔を描きソニアに贈った。その塔は、いくつもの視点によってばらばらに分解され、あらゆる場所から見た印象が同時にひとつの画面上に再構築されていた。

＊

ソニアはロベールとの子供を身ごもっていた。翌一九一一年に生まれた息子・シャルルのためにソニアは何枚もの布を寄せ集め、ベッドカバーを作る。そのパッチワークもまたロベールと全く同じキュビズムを成していたが、生活の中にある芸術は純粋な芸術と見做されなかった。この頃から、ソニアはキャンバス以外の媒体に目を向け始める。ロベールはその年、ワシリー・カンディンスキーに誘われドイツ表現主義のグループ「青騎士」の展覧会に出品する。夫の作品が評価され、買い求められ、他の芸術家たちに影響を与えていることをソニアは心から喜んだ。

ロベールはやがて描こうとする対象を分解するのでなく、対象の存在そのものを、四角や円に塗った色彩のリズムや対比によって同時的に感じさせる絵画理論を目指し始める。この試みは同時主義、シミュルタネイスムと呼ばれた。夫婦の友人で詩人であり美術評論家のギョーム・アポリネールは、この色彩にあふれる非具象的な絵画を、他のキュビズムと区別するために、ギリシア神話の音楽神にちなんでオルフェウス的キュビズム、オルフィスムと呼んだ。

ソニアもこの頃、ロベールと同じくシミュルタネイスムの作品を多く手がけた。一九一三年に友人ブレーズ・サンドラールの詩に心を打たれ、予算度外視で制作した作品の装丁は、巨大な紙を折りたたみ、詩が進むにつれて色彩が変わっていくという、前代未聞のものだった。同じ年に描かれた油彩「ル・バル・ビュリエ」は同名のダンスホールで踊るカップルたちを鮮やかな色の対比で描いている。ソニアはここで踊るための、鮮やかなコスチュームも作った。

ロベールはソニアの色彩を選ぶ能力をほめ、色彩についてアドバイスを求めた。ソニアとロベールのどちらがより強く相手の制作に変化を与えたかは分からない。同じ時代に同じアトリエにいた芸術家が互いに刺激を受け合い、作品が似るということは珍しくない。ただしソニアはシミュルタネイスム、オルフィスムの理論を、後年ロベールの実績を讃えるときを除いて多くは語らなかった。そしてロベールの解釈が自分の絵画の支えになっていると語った。ソニアはキャンバス以外の媒体に自分の考えを乗せることに躊躇しなかった。一九一三年、ベルリンで開かれる秋季展への出品依頼がソニアとロベールの二人に来る。ソニアは「ル・バル・ビュリエ」などの絵画とともに、ポスターや装丁、ブックカバーや日用品、テキスタイルデザインを出し、夫婦は高く評価された。評論家は夫婦の発展を同時的に見ず、ずっと芸術理論はロベールの、装飾美術はソニアのものだった。そして芸術の評価システムの外側で直接人々に訴えかける力も、ずっとソニアのものだった。

金はいつもソニアが稼いだ。

結婚してから第一次世界大戦の半ばまで、ドローネー一家はソニアの義実家・テルク家からの送金で生活していた。戦争が始まるとソニアたちはスペイン、ポルトガルに疎開し、恐怖よりはむしろ明るい太陽からのインスピレーションを多く受けて絵を描いた。一九一六年のソニアの自画像は頭部が暗い色から鮮やかな色へうず巻くような円形として大きく描かれ、彼女の頭と手によって色彩がリズムを持つ様子が見える。二十世紀初頭の前衛絵画において、女性モデルが男性画家によって抽象化されるとき、性的支配の主張のために人間性や思考が無視され肉体のみに還元されてしまう、と書いたのはキャロル・ダンカンだ。しかしソニアの自画像では彼女は彼女自身の思考と手の動きに還元されている。

一九一七年のロシア革命によってテルク家の送金が絶えると、ソニアは本格的に一家の食い扶持の確保に追われることになる。スペインで仕事を探し始めたソニアは、ロシア出身の芸術プロデューサーであるセルゲイ・ディアギレフとバレエ団「バレエ・リュス」のために衣装をデザインし、それらは幕が開くと同時に拍手喝采を浴びた。マドリードにオープンしたソニアのブティック「カーサ・ソニア」は大好評を博した。見たことがないようなファッションや日用品を誰もが欲しがり、ソニアの店はいつも話題の中心だった。

スペインでの成功のさなか、オルフィスムの名付け親であるギョーム・アポリネールが一九一八年に亡くなる。ショックを受けたロベールはしきりにパリへ帰りたがった。職人を雇っていた人気店を畳み、ソニアはパリで生活するためのアパートの確保に奔走する。一九二一年から移り住んだその部屋はソニアのデザインしたあらゆるものたち、二人の作品、訪ねてきた画家や詩人のサインで埋め尽くされていた。パリに戻ってもソニアは忙しかった。芸術家仲間をもてなし、内装やテキスタイルのデザイン、詩人の舞台のためのコスチュームの制作。一九二五年のアール・デコ博覧会でアレクサンドル三世橋にできたソニアの店には、人々がつめかけた。店の名前はシミュルタネ（同時的ブティック）。企業からの依頼は増え、ソニアがシトロエンにデザインを施し撮影したコレクション写真は注目を集めた。雑誌では特集が組まれ、一九二七年にはソルボンヌ大学で服飾芸術に対する絵画の影響というテーマで講演を行った。

忙しく走り回っていたソニアだったが、一九二九年に世界恐慌が始まると、ブティックの経営は苦しくなった。仕事場を自宅に移し、メッツ商会などの企業の依頼を受けながら、ソニアは抽象絵画の制作に戻る。生活は楽ではなかった。一九二〇年代のロベールはアポリネールという語り手を失い、理論は滞り、絵もあまり売れなかった。収入を得ることの大変さと深刻さを理解しないロベールはソニアのデザインに影響を受け、ソニアの仕事を一緒にしながら、妻の成功は単なる幸運だと考えていた。それはソニアがブティックを閉めたあとも変わらず、家計のほとんどはソニアの収入でまかなわれた。夫が自分の何を評価し、何を評価していないのかを正確に理解しながら、ソニアは夫の絵画を評価し続けていた。毎晩議論を交わした芸術家たちがロベールよりも先に有名になっていく様子を横目で見ながら、自分たちが——ロベールが——評価されるべきだと悔しく思った。二人の作風は混ざり合い、溶け合う。一九三七年のパリ万博で、二人は「航空館」と「鉄道館」を担当する。大きく重要な仕事に向けて、ソニアは作業のために集められた芸術家たちとロベールの仲を取り持ち、予算を気にしないロベールが使ってしまった資金を調達するべく

駆け回った。テキスタイルの仕事ももちろん続いていた。二人のパビリオンは好評であった。一九三〇年代に入って有力な展覧会に展示されることが増え、万博の成功もあってロベールは名声を確立しはじめる。絵が高額で売れ、収入が増えた。二人の作風は、作品は、実績は混ざり合い、溶け合う。それを見た人々は芸術を、ソニアではなくロベールの分野だと考えていた。

万博のあと、ソニアには相変わらず絵画制作と展覧会、デザインの仕事などするべきことが山ほどあったが、そこにロベールの心配と、世界情勢への心配が加わった。ロベールが体調を崩し、戦争が始まろうとしていた。金もなくなりかけていた。毎週木曜に集まってくる若い芸術家たちとロベールの議論をソニアは細かく書きとめた。

第二次世界大戦が始まった翌年、必死で運んだ自分たちの作品とともに二人は南仏にいた。ロベールの体調は日に日に悪くなり、ソニアは夫の世話をしながら家を探し、絵を売る場所を探し、仕事を探す。ユダヤ人であるソニアの危険と恐怖は、そうではない者には分からない。それでもソニアはロベールが一九四一年に五十六年の生涯を終えるまで、ベッドの側にい続けた。二人が出会ってからの三十年と少しという時間、ソニアはロベールの側にあり続けた。そして彼女が一九七九年に九十四歳で亡くなるまでの三十八年間も、変わらずロベールとともにあった。戦争が終わりパリに戻った翌年には、早々にロベールの回顧展に取りかかる。ロベールの書いた芸術論や評論家の記事、ソニアが記録したあらゆる情報をかき集めた。もちろんソニア自身も絵を描き続ける。そのスタイルにはソニアとロベールが同時に存在していた。やがてソニアの努力によって美術史におけるロベールの再評価がなされ、回顧展が世界中で開催され始める。そのタイトルは時には「ロベール・ドローネー展」であり、時には「ドローネー夫妻展」であった。

絵画から、テキスタイルから、デザインしたあらゆる日用品から、あふれ出るソニアの鮮やかな色彩と形。「芸術家」と聞いて人々がついうっかり男性を思い浮かべるとき、ソニアを「献身的なドローネー夫人」と呼ぶとき、ロベールの追従者と見做すとき、彼女は半分になる。妻の年表は夫の年表より短く簡素になる。そして人々がソニアの書いたロベールの姿をただ信じるとき、彼女は夫を内包して倍になる。あるいはソニアの作品そのものを見るとき、その筆の勢いにソニアの頭と身体の中を垣間見るとき、彼女は無尽蔵になるのである。

ソニアの芸術とロベールの芸術のどちらが、もう片方の生みの親だったのかを断言することはできるだろうか。切り分けられないものを分けるとき、私たちは何を手がかりにするのだろう。何がソニアとロベールの成果を分けるのだろう。何が偉大な純粋美術と、生活のための応用美術を分けるのだろう。何が崇高と低俗を分けるのだろう。何がひとつの民族とその他の民族を分けるのだろう。何が貧しい家庭と裕福な家庭を分けるのだろう。

何が女性の分野と男性の分野を分けるのだろう。それらは全て同じ時代に、同じ場所に生きていたはずだった。

切り分けられない光を塗り分けて、同時に対比させてぶつけ合い、調和とテンポを生み出そうという試みが「同時主義」だった。「リズム」や「ダンス」と名づけられたソニアの作品の中で、塗り分けられた全てのものが光の踊りに飲み込まれていく。ちかちかと明滅して、無数の色面に変わっていく。溶けて、尖って、反射して、見え隠れして、次第に遠ざかり、ソニアは光りながら静かに去っていった。

# 羅蕙錫

## 「そうしたい」の連続で私は形を得ていくはず、それもまた「そうしたい」なのだから

※羅蕙錫の作品の記載を尊重し、国名を朝鮮という文言に統一しています。

「私はそうしたい」と思えることは喜びである。

誰に何と言われようと、私はそうしたい。心に決めるといても立ってもいられず身体《からだ》まで躍動する、生命の発露のような欲求。しかし「そうしたい」と自由に思うことが、誰にでも開かれているわけではなかったとすれば——気づかれさえしなかった欲求は、一体どこへ行くのだろう。

羅蕙錫《ナヘソク》が一八九六年の春に生を享《う》けたのは、現在の大韓民国、ソウルにほど近い水原《スウォン》に暮らす裕福な家庭だった。きょうだいは五人。両親はほとんどの子供たちに高等教育を受けさせた。近代化の波によって当時新設されたばかりだった三一女学校、進明女学校へと

進学し、首席で卒業する快挙を果たした羅蕙錫だったが、学校を出たとたん結婚への圧力が彼女を取り囲み始める。東京へ行ってもっと勉強したいという希望は、教育熱心だった両親にさえも聞き流されるかに思われた。

助け舟を出したのは兄、羅景錫《ギョンソク》だった。兄は才能ある妹が結婚以外に道を選べないことを気の毒に思い、両親に掛け合ってくれたのだ。

東京で、羅蕙錫は美術を学ぶ。彼女の初めての来日は一九一三年。東京美術学校（東京藝術大学）による女子生徒の受け入れ拒否を憂えて「女子」美術学校（女子美術大学）が設立されてから十三年後。平塚らいてうによって『青鞜《せいとう》』が立ち上げられてから二年後のことだった。

十七歳の少女は「自分がどう生きたいか」に身体を膨らませ、そして「そう」生きることによって「朝鮮にどんな影響をもたらしたいか」を心に決め始めていた。女性は親に、夫に、子に従うものだと、当事者である女性たちを含む朝鮮のほぼ全ての人々が強く信じきっていることに、羅蕙錫は強い問題意識を感じていたのだった。

女性は人生の全てを家と家族の世話に費やすべきではない。自分とは一体何なのかという概念さえ持たずに一生を終えるべきではない。もしも自分が本当に「そうしたい」と思ったら、誰がそれを止めることができるだろう。しかし祖国で生きる多くの女性が、「そうしたい」ことをできず、「そうしたい」と感じないよう教育されているせいで、そもそも「そうしたい」という概念がこの身体の中に存在していることに気づいてさえいない。自分のように家の外へ、街の外へ、国の外へ出られない女性の方が圧倒的に多い。思うままに生きることで、そして思うままに生き続けられると示し続けることで、私は彼女たちを啓蒙《けいもう》しよう。

そのために、絵を描こう！　それから、文章も。二つの才能が羅蕙錫には備わっていた。来日の翌年、朝鮮の女性の生き方についての問題意識を、朝鮮人留学生の機関誌『学之光』に「理想的婦人（現代訳：理想の女性）」というタイトルで発表する。

意欲に燃えながら、また、羅蕙錫は恋もした。相手は兄の羅景錫とも仲が良く、慶應義塾大学の留学生だった崔承九《チエスング》。『学之光』の編集にも関わっていた、才気に溢《あふ》れた人だった。

しかし三年生に進級するはずだった一九一四年、羅蕙錫の進路は思いがけずくじかれる。結婚のため、父から帰国を言い渡されたのだ。「娘」にも近代的教育を与えてくれた父の中では、学ぶことと生きたいように生きることは繋《つな》がっていなかったのだろうか。勉強を永遠に中断し、故郷に戻って結婚することが何を意味するのか、父には分からなかったのだろうか。

絵を描きたい。「女」でも全く普通に、絵を描き学べるのだと示したい。学んで、もっと学んで——でも、それで？　その後はどうするのだろう？　生きるために結婚するのか？　女だから？　だけど女である前に、人間であるはずだ。

一度は故郷へ戻ったものの、どうしても結婚を受け入れられなかった。羅蕙錫は高校教師として一年間働いて自力で学費を稼ぎ、翌一九一五年の秋に東京へ戻る。その一月後、父は亡くなった。

時を同じくして、崔承九までもが病気で帰らぬ人となってしまう。二十五歳だった。これから先、何年経《た》っても、彼は二十五歳のままなのだ。しかし羅蕙錫は進まなければならなかった。


進むということは、絵を描き文章を書くということだ。

女子美術学校を卒業した一九一八年、羅蕙錫は自身も刊行に携わった雑誌『女子界』に『瓊《キヨン》姫《ヒ》』という小説を寄せる。日本への留学から戻り、学んだことを「家の中の女性の仕事」に活《い》かす女学生の物語だ。現実の羅蕙錫と同じく、小説の中の瓊姫も父に結婚を強いられる。作者の葛藤をなぞり、瓊姫が「自分は女である前に人間であるはずだ」と決意を新たにするところで物語は終わる。

その前年に彼女が『学之光』に寄せた文章「雑感」にも「女性も人間である」と書かれているように、このテーマは羅蕙錫にとって何よりも重かった。彼女がいつも気にかけていたのは朝鮮の女性のこと、そして朝鮮のことだった。

「私はそうしたい」と思えることは喜びである。

だから羅蕙錫は、一九二〇年に執り行われた結婚式で、とても幸福だった。自分で望み決めた結婚だからだ。

＊

崔承九の死後、数年にわたり熱烈なアプローチを続けてきた十歳年上の金雨英《キムウヨン》は、彼女のしたいことを極力尊重した。金雨英も兄・羅景錫の友人で、京都大学に留学しながら一九一九年の三・一独立運動に関与し、弁護士となって独立運動で起訴された人々の弁護を引き受けていた。三・一独立運動には羅蕙錫も大いに関わっている。『女子界』仲間とともに女性団体による運動参加を計画して逮捕され、五か月間投獄されたのだ。

金雨英には死別した前妻との間に子供が一人いたが、羅蕙錫は結婚に際して、その子供とも姑《しゅうとめ》とも同居しないこと、生涯変わらず自分を愛すること、絵画の道を邪魔しないことを夫に求めた。金雨英は妻の望みを受け入れた。二人は新婚旅行で羅蕙錫のかつての恋人、崔承九の墓へ参り、金雨英は石碑さえ建てた。

彼女の要求と行動を、我儘《わがまま》だと眉を顰《ひそ》める人がいるだろうか。金雨英をとてつもなく出来た夫だと褒め称《たた》える人もいるかもしれない。確かに彼は近代的な夫、近代的な男性、近代的な人間たろうとした。そして羅蕙錫が彼女自身のしたいことを思うままに口にすることも、また間違いなく近代的な振る舞いだった。

さて、羅蕙錫は芸術家であった。芸術家は芸術のことを第一に考えなければならない。しかし結婚してまもなく、芸術以外に頭を悩ませなければならない事態に直面する。妊娠である。

羅蕙錫は率直に、胎児を恨めしく思った。周囲からの結婚の圧力がようやくなくなった今、自分のために、自分の芸術と思想のために、ひいては朝鮮の未来のために全ての時間を使いたかった。妊娠が発覚した直後、羅蕙錫はまだ自由になる身体を走らせ、駆け込みで二か月の東京留学を決行する。帰国後すぐに開催した個展は、一九二一年にして国内初の女性芸術家の展覧会となった。

出産にまつわるこの焦りと狼狽《ろうばい》を羅蕙錫はのちに『母となった感想記』に記している。発表された『母となった感想記』には非難が寄せられた。だって、自分で望んで結婚したはずだろう？　自分で望んで妊娠したはずだろう？　子供には母親しかいないのだから、母親は子を最優先するべきだろう？　しかしそんな風に母親が非難されている頃、父親が「自分の身体と人生を変容させてしまうであろう子を、果たして愛せるだろうか？」と悩んだり、まさに一寸先に、自分の生命が本当の本当にどうなっているのかさえ見通せない恐ろしさに苛《さいな》まれる頻度はどれほどあるだろうか。

長女が生まれたのち、満州・安東《あんとう》（現在の中国遼寧省）にある日本領事館で副領事の職に就いた金雨英とともに、羅蕙錫は安東へ移る。朝鮮における日本への反感を懐柔するための人事だったが、金雨英と羅蕙錫は朝鮮と日本のどちらにも属する立場を、最大限に朝鮮のために使う。教育機関や金融機関を調え、ときには武装独立運動のサポートも積極的に行った。

同じ頃、朝鮮総督府による《朝鮮美術展覧会》が発足され、羅蕙錫も立て続けに入選する。しかし彼女の制作活動は、ふと気づけば行き詰まっていた。自分は目の前の風景から、何を感じ、何を表現したいのだろう？　自分は世界に対して何を表明したいのだろう？　そもそも時間が圧倒的に足りない。長男と次男が生まれ、子は三人になっていた。副領事の妻は忙しい。それでも描くしかない。描きたい。描き続けたい。「そうしたい」と思うことが自分の原動力のはずなのに。その欲求の発見と実行こそが、「私を忘れない」ということなのに。

転機は金雨英によってもたらされた。一九二七年、安東での任務を終えた金雨英にヨーロッパ視察の機会が巡ってくる。視察には妻も同行することになっていた。子供たちを姑に預け、二人は釜山《ブサン》を発《た》つ。ハルビンからモスクワ、オランダ、ベルリン、パリ、スイス。

ヨーロッパの女性たちが誰憚《はばか》ることなく家電を使い、託児所を活用し、動きやすい衣服に身を包み、娯楽さえ楽しんでいる様子に羅蕙錫は衝撃を受けた。そしてそれでも女性が家事を担わされ続けている、世界共通の構造にも。

自分が朝鮮の女性の立場を良い方向へ進ませる、第一人者になろう。そう決意を新たにしてパリで過ごしているときに、彼女は崔麟《チエリン》に出会う。

崔麟は三・一独立運動の際、天道教メンバーとして独立宣言書の「民族代表三十三人」の署名に名を連ねた人物で、投獄ののち欧米視察のためにパリを訪れていた。金雨英は知人である崔麟に妻を託し、単身ドイツへ向かう。意気投合した羅蕙錫と崔麟は急接近し、やがて交際するようになる。

三か月の交際ののち、崔麟はベルギーへ旅立つ。羅蕙錫と金雨英夫婦はイタリア、イギリス、アメリカを経て帰路についた。

＊

「私はそうしたい」と思えることは喜びである。

帰国後の羅蕙錫は喜びとは遠い生活環境に身を置いていた。金雨英は官僚を辞めて弁護士業に戻ろうとしたが、事務所はなかなか軌道に乗らない。家の資金繰りは苦しく、三男も生まれ、にもかかわらず親戚には絶えず援助を求められる。そこで彼女は生きるための金銭的見通しを立てようと、パリでの恋人、崔麟に手紙を書いた。

羅蕙錫を取り巻く多くの人が、それぞれほんの少しずつ、彼女を疎ましく思っていたのかもしれない。親戚も、姑も、夫の姉妹たちも、「出来ない嫁」としてしか彼女を見ていなかった。親しくしていた人々も、彼女をただ恵まれただけの「傲慢な女」だと解釈していたのかもしれない。崔麟への手紙の内容は（羅蕙錫の記録によると）意図的に捻《ね》じ曲げられて金雨英に伝えられ、彼を激昂《げきこう》させた。

羅蕙錫は自分が救おうとした「朝鮮の人々」によって追放されたのだった。


離婚に伴う財産分与や親権の取り扱いは、決して平等とは言い難かった。羅蕙錫はごく僅かな金を持たされたきり、自身も少なくない支払いをしたはずの家を出なければならなかった。「離婚後二年間は再婚しない」という羅蕙錫によって提案された誓約は、金雨英によってあっさりと違反された。

とにかく、生きる金が必要である。展覧会に出品する絵を描き、かつての知人を頼って作品を売却し、羅蕙錫は東京で資金集めに奔走した。芸術が心と生活の支えだった。

苦境にあっても、朝鮮の芸術を確固たるものに、自国ならではのものにしよう、という気概を羅蕙錫は持ち続けていた。朝鮮を、朝鮮の芸術を、朝鮮の女性を自分が変えるのだ。

しかし継続して制作を続けようとした矢先、火事に見舞われ多くの作品を失ってしまう。

大きな作品展での入選の頻度も低下していた。一九三三年に設立した女子美術学舎の支援者も、思うように集まらない。

——なぜこうなったのだろう？

お前が不貞を働いたからだと、世間の人々は条件反射のように言うだろう。羅蕙錫の行いは確かに金雨英に対する不貞ではあった。しかし、貞淑がなぜ女性にだけ求められるのか、根源的に問いかける人はいなかった。金雨英は妓生《キーセン》と遊んでいたし、離婚後、二年間は再婚しないという誓約をいとも簡単に、一方的に破棄した。破棄していいものと見做《みな》したのだ。それに、崔麟は同じ既婚者として渦中にあったのに、彼の名声は揺らぐことなく、今も平穏に暮らし続けられている。ある人が何かを強く望めば、縛りつけて自由を奪わない限りは止められない。それが良い行いでも、悪い行いでも。あるいは縛りつけたとしても、欲求そのものは止められない。それが女性でも男性でも。にもかかわらず、羅蕙錫に向けられた世間や身近な人々の反応は、明らかに女性であることによって色づけられていた。

なぜ自分だけが、何もかもを失わなければならなかったのだろう？　そもそもなぜ自分は、「失わされる」立場にあったのだろう？　なぜ女は家を追い出されるのだろう？　なぜ家は女のものではないのだろう？　女からは離婚を要求することもできないのだろう？結婚するなら処女でなければならないのだろう？　女が再婚するなんて、と圧力をかけられるのだろう？　何でもできると思っていた。人間なのだから、何でも「そうしたい」と強く思う力次第なのだと。女が「そうしたい」と強く思う力を取り囲み、意欲や理性や根気を一瞬で無効化する力がこれほど強いものだと、なぜ、ずっと後になってから知らされるのだろう？　なぜ、なぜ、なぜ——。

おそらく、羅蕙錫は心底不思議だっただろう。あるいはにわかにぞっとしたかもしれない。自分は近代的な女性たろうと生きてきたはず。それを金雨英も崔麟も、良しとしていたはず。だけど、もしかして、本当は、全員が旧来の男女観にどっぷり浸《つ》かっていたのだったら——？　自分も含めて！

葛藤の表明として、羅蕙錫は一九三四年に二つの行動を起こす。金雨英との離婚の一部始終を綴《つづ》った『離婚告白状』の発表と、崔麟への貞操蹂躙《じゅうりん》訴訟である。これらの話題は一時センセーションを巻き起こしたが、訴訟にまつわる報道は立ち消えとなっている。当時天道教と朝鮮総督府の重要人物となっていた崔麟は騒ぎの沈静化を図り、羅蕙錫はただ少しの金を得ただけであった。そしてこの後彼女に、彼女だけに、奇天烈《きてれつ》でセクシャルな印象が付きまとった。

この印象によって、羅蕙錫は社会からほんのりと敬遠されることとなる。「新しい女性」としてのこれまでの生き様と、男性との関係では旧来の慣習に飲み込まれざるを得なかった複雑な矛盾が、人々を揶揄《やゆ》に向かわせた。そしてもっと単純に、旧来の価値観が人々を批判に向かわせた。その後再び官僚となり、「誓約」を破った一度を含めて二度再婚した金雨英は、羅蕙錫が身体と精神を削られながら出産した彼女の子供たちに、母親と会うことを強く禁じた。

一九三六年に発表された小説『玄淑《ヒョンスク》』で、羅蕙錫は「誰にも、一見親切にしてくれる人も含めて誰にも本当の姿を悟らせずに心を閉ざし、社会の仕組みの中では金も職業も思うままにならない女性玄淑が、自分の意思で心の正しい素朴な青年を選び、イニシアチブを取った関係性で結ばれる」という女性の生き方を描いた。晩年の彼女は体調不良を押して絵を描き、文章を書きながら、寺で安穏を探し求めた。病を得て一九四八年に五十二歳で亡くなるまでの間、羅蕙錫を主に世話したのは、兄・羅景錫の妻であった。

彼女の死後四十年が経ち、一九九〇年代に入った韓国ではフェミニズムの提唱が活発になった。羅蕙錫の作品と思想は見直され、今では「韓国フェミニズム」が語られるときに頻繁に名前が挙がる。生涯を通して気にかけ続けていた「自分が『そうしたい』と思うことに気づいた同胞の女性たち」によって、彼女は再発見されたのだ。

# カミーユ・クローデル

## 私の苦しみは、あなたをうっすらと満たす娯楽ではない

「離れられない」という喜びは、いつでも自由に離れられるときにだけ輝ける。

芸術家が誰かの才能に心を打たれるときにはきっと、自分の才能と触れ合わせたらどうなるのか確かめたい衝動にかられて、立ち去り難くなるだろう。もっと見たい。もっと作りたい。もっと喜びたい。才能という目に見えない、でも明らかに存在する魅力に、もっと高揚し合いたい。そうしているうちに一秒が、一日が、一年が過ぎ、離れ難さの残り香だけが人生に染み込んでゆく。やがて一方が一人になろうともがき、離れたくても離れられないと気づいたとき、そもそも最初から不均衡が巧妙に隠された関係だったと気づいたとき、人々はその人を咎《とが》めるだろう。自分で望んで一緒にいたんじゃないか、と。

子供の頃のカミーユ・クローデルには離れられない人などいなかった。一八六四年にフランス・エーヌ県の農村部に生まれた彼女は、物心つく頃には和やかとは程遠い五人家族

の中で、一つの魂を持っていた。父ルイ＝プロスペルは子供たちの芸術に理解と応援を惜しまない献身的な保護者であり、気難しく短気な家長でもあった。十四歳下の妻ルイーズもまた気難しく、さらに役割と義務と体裁を守ろうとする人だった。彼女は医師や司祭の家系で、いくらかの土地を持っていた。夫婦はブルジョワジーとして（加えてルイ＝プロスペルは知識人として）村の人々を自分たちの自尊心より低く位置づけた。家名に誇りを感じているといっても夫婦仲は悪く、議論とけんかの声が飛び交う家。ルイーズはそもそも子供たちに愛情豊かに接したことはなかったが、三人のきょうだいのうち長女のカミーユをとりわけ遠ざけた。それは自分が全く関心を抱かない芸術などというものによって父娘《おやこ》が結束するのが不快だったからかもしれない。あるいは、カミーユが生まれる前年に長男を亡くした傷がまだ癒えていなかったせいかもしれない。二歳下の妹は母と同じルイーズという名を与えられ、その良い娘らしさゆえに母ルイーズに露骨に贔屓された。カミーユより四歳年下の弟ポールも母にはさほど理解されず、ポールの方でも母を理解者たる存在と見做《みな》さなかった。

この末っ子ポール、のちに劇作家・詩人・外交官として名声を得るポール・クローデルはカミーユにこき使われて少年時代を過ごした。ポールに粘土を運ばせ、もちろん妹ルイーズと使用人にも手伝わせ、十二歳の頃から作品を作り始めたのがカミーユの彫刻家としての人生の始まりである。ポールは横暴な姉に疲れ倦《う》みながらも、出来上がった作品には魅力を感じずにいられなかった。

カミーユがまだ小さい頃、一家は母ルイーズにゆかりのあるヴィルヌーヴ＝シュル＝フェールに住んでいた。六歳頃までを過ごし、その後もたびたび里帰りしたこの村と、村の近隣にある「悪魔の背負いかご」という名の岩場は、幼いきょうだいの心に強く焼きついた。度重なるルイ＝プロスペルの転勤のために何度引っ越しても、カミーユは行く先々で彫刻を作り続ける。あるときルイ＝プロスペルは赴任したノジャン＝シュル＝セーヌの町で、著名な彫刻家アルフレッド・ブーシェに娘の行く末を相談した。作品を見て驚いたブーシェはそれまで手の赴くままに作っていた少女を指導した。私は偉大な芸術家になる。少女は予感のように決意した。カミーユに彫刻、ルイーズに音楽、ポールに進学の道を歩ませるため、転勤の多かった父だけが残り、家族四人は一八八一年にパリへ引っ越す。

十九世紀は、女性が芸術家になることが今よりもさらに困難な時代だった。エコール・デ・ボザールを始めとする美術学校の多くは女性の入学を拒んでいて、学び始めるところから大きな段差があった。彫刻はそのイメージから特に男性のものと考えられがちだった。それでもカミーユは私立の美術学校に入学し、同じように芸術家を目指す女性たちとノートル＝ダム＝デ＝シャンにアトリエを借りた。

一八八一年、パリの共同アトリエに指導に来てくれていたアルフレッド・ブーシェがサロン賞を受賞し、その褒賞としてイタリアへ旅立つことになった。誰かに才能ある若者を任せなければならない。アルフレッドが後任に選んだのが、オーギュスト・ロダンであった。

＊

オーギュスト・ロダンはその頃、ようやく彫刻家としての評価を勝ち取ったところだった。下彫り工の養成所で彫刻を学び、エコール・デ・ボザールの受験に三度敗れたオーギュストは、職人として働きながら作品を作り続ける。ブリュッセルでは生きた人間から型を作ったのではないかと疑われ、パリではアカデミズムに攻撃され、長く苦汁を嘗《な》めていた。そして四十歳でようやくサロンに入選し、大きな仕事を得るようになる。伝統的・古典的彫刻に迎合しようのない話題の人は、一八八三年にカミーユたちの先生となった。

カミーユは十九歳。才能が研ぎ澄まされて緻密になり、スピードを増して、はち切れるように開花する実感がある若者だった。オーギュストは指導のためにアトリエに通い、その年、カミーユはサロンに入選した。多くの若者にとって、自分の才能を認め導いてくれる、ときには自分の才能に狼狽《うろた》えてもくれる、そしてもちろん本人もはっとするような才能を持っている人生の先輩というものは、喜びと野心と向上心をかき立てる存在である。二十四歳年上のオーギュストの方でも、ようやく名声が確立されようというときに現れた、自分の考えに共通する作風を持ち、エネルギーに満ちあふれ、しかも「美しい」教え子に露骨に目をかけ始めた。カミーユはオーギュストのモデルにもなり、そしてアトリエに呼ばれた。

才能は共通言語にもなる。この人となら同じ言葉で話せる。考えていることがそのまま通じる。今、我々は生きている。純度を高め合っている。そう思える人と巡り合えたとき、喜びは無類である。もっと見たい。もっと作りたい。もっと喜びたい。そう思えるとき、作品は無限に生まれる。そして形を得たものは残り続ける。ノートル＝ダム＝デ＝シャンの仲間もオーギュストのアトリエに呼ばれ、彫刻家の職人として働いていた。しかしオーギュストはカミーユにアドバイスを求め、カミーユのアイデアからインスピレーションを得て、カミーユをモデルにし、カミーユに下彫りをさせた。造形を通して見つめ合い触れ合う関係はいつしか直接見つめ合い触れ合う関係になり、二人の作品は溶け合い始める。制作中だった『地獄の門』や『カレーの市民』の一部をカミーユが作り、オーギュストがサインを入れる。同様のことは、彫刻家と職人の間では普通だった。オーギュストが好まない大理石はしばしばカミーユが彫った。能動的に愛し合う女性と男性をモチーフにしたオーギュストの作品が増えた。同じモデルがポーズを取り、同じ構成の作品が生まれた。

自分のアイデアが、考えが、姿形が、存在が、愛する人の作るものにまったく溶け込み具現化されることは喜びにもなり得る。相手のアイデアを、考えを、姿形を、存在を、自分が具現化することも。もっと見たい。もっと作りたい。もっと喜びたい。社交界にまんざらでもないオーギュストはパーティー嫌いのカミーユをときどき連れ出し、有力者に引き合わせた。カミーユの作品を買ったり批評に取り上げたりするよう知人に働きかけた。

一八八八年には二人のためのアトリエを借りた。オーギュストはカミーユのためになると思うことをし、たくさんの約束をした。しかしカミーユが望んでも絶対に結婚しようとせず、安らぎたくなった夜には、二十年間連れ添った内縁の妻ローズ・ブーレの待つ家へと帰っていくのだった。

お針子だったローズ・ブーレは社交界へ連れ回してもらったことはなかった。オーギュストがカミーユとアトリエを借りても、カミーユと夏の旅へ出ても、仕事だと言ってしまえばそれ以上の機微はローズには分からないことになっていた。もちろん分からないはずはなく、カミーユが現れる前から、繰り返される身勝手な裏切りに気づき、繰り返し激怒してきた。そしてそれでも貧しい生活の中で忍耐強く金を切り詰め、土を管理し、彼との一人息子を育て続けてきた。長い時間を共にしてきたローズとの安らぎから離れられないという欲求をオーギュストは大切にした。カミーユとローズはののしり合った。カミーユの家族も娘が隠していた関係に気づいた。カミーユもオーギュストが自分ひとりと向き合う気がないことに気づき始めた。

オーギュストはローズとの息子を生涯認知しなかった。そしてカミーユには「ロダンとの子を中絶したのではないか」という噂《うわさ》がたびたび持ち上がった。生まれなかった子供の数は一人だとも四人だとも囁《ささや》かれた。若い女の芸術家に対するのと同じかそれ以上に、結婚しない女、結婚せずに子供を産む女、愛人になる女への人々の目は冷たかった。

＊

一八九二年、カミーユは二十八歳でオーギュストとのアトリエを去る。人と交流する生活をやめても、オーギュストとの関わりは続いた。カミーユの作品が良い場所に展示されるよう、一点でも多く購入されるよう、記事が世に出るよう、オーギュストはあらゆる手を尽くした。いまや国民美術協会の重要人物の一人であるオーギュストはカミーユを協会員に加えた。音楽に身を任せるカップルを表現した『ワルツ』が官能的すぎるという理由で改善を求められたときもオーギュストはカミーユを擁護した。逆境を逆手に取って布のひだでより美しい動きをまとわせた『ワルツ』と、女神を老いの視点で解釈し直した『クロトー』は国民美術協会サロンで高く評価された。批評家の何人かはオーギュストがカミーユと引き合わせた面々だった。それは幸運なことでもあり、足枷《あしかせ》でもあった。『クロトー』を含むカミーユのいくつかの作品は、モチーフとポーズの類似から「ロダンの作品の模倣ではないか」と言われることもあった。一八九五年の『おしゃべりな女たち』のように市民の生活の一瞬に物語を見出《みいだ》したり、人間と人間の魂の結びつく様子をポーズに宿らせるカミーユのやり方は彼女独自のものである。にもかかわらず、アトリエを出たからといって、人々がすぐさまカミーユを「ロダン」と切り離して考えてくれるわけではなかった。

またロダン、ロダン、ロダン、ロダン。

アトリエを出たからといって、すぐさま離れられないのは二人の関係も同じだった。オーギュストはローズとパリ郊外のムドンに引っ越したが、手紙は二人のアトリエの間を時々行き来した。数年前に注文を受けて以来ずっとトラブル続きだったバルザック像について、オーギュストが相談したいのはカミーユだった。困窮していくカミーユをオーギュストは金銭的にもサポートしようとする。カミーユはプライドを以《もっ》て支援を退け、金の工面はポールとルイ＝プロスペルを頼っていたが、新しいアトリエの家賃だけはオーギュストが払っていた。オーギュストはカミーユを社交界に誘い、カミーユは断った。オーギュストは仕事とパーティーに忙しく、カミーユは職人への支払いが滞ったことで告訴され忙しかった。

サロンで高く評価されているにもかかわらず、カミーユには国や公的機関からの注文は殆《ほとん》ど来なかった。エコール・デ・ボザールはちょうどこの頃、一八九七年にようやくしぶしぶ女性の入学を認め始めた。カミーユの作品はときどき、適当に放置されたり紛失されることさえあった。彼女が唯一国から発注を受けたのは『分別盛り』である。一人の男性が若さを象徴する女性から去り、老年を象徴する女性に連れられていく。ポールがこの若い女性は自分の姉だと感じたように、三人の像が表すものは誰の目にも明らかだった。一八九五年に発注されたはずの石膏《せっこう》像は、一八九八年に完成する。その支払いはなぜか翌年まで引き延ばされ、新たにブロンズ鋳造の注文があったにもかかわらずなぜか突然立ち消えになる。理由は明かされなかった。カミーユは自然と、自分たちのことを隠しておきたいオーギュストが、何かしたのではないかと思い至った。そして今度こそ完全に彼に背を向ける。

十九歳から三十四歳までの十五年という年月は、文字の上で「じゅうごねん」と発音する間にさっと通り去るのではない。一秒が過ぎ、一日が経《た》ち、五千四百七十五日が積み重なって疲労と絶望をもたらすのだ。一九〇〇年にパリで開かれた万国博覧会で、オーギュストは自費で自分のパビリオンを建て、また成功を収める。オーギュストが家賃を払っていたアトリエをも出て、カミーユはますます孤立してゆく。オーギュストが誘いかける、彼の息のかかった展覧会へ出品することも避けた。だって、これ以上、彼の下にいるかのような印象を持たれるのは我慢ならない。

一人でアトリエにこもり一人で制作を続けるカミーユは世間から忘れられたわけではない。国はカミーユに注文を寄越《よこ》さなかったが、批評家たちは注目し、記事を書いた。しかし大理石は高く、職人へ支払う金はいつも足りず、カミーユの作品はやはり適当に放置されたり、ときには盗まれたり、美術館から不当に展示を拒まれることさえあった。生活は苦しく、体調は悪くなる一方だった。

どうしてこんなことになったのだろう？　才能があるからといって、女が彫刻家になったのが悪かったのだろうか？　美しく着飾っていた方がよかったのだろうか？　私の才能は誰に盗まれたのだろう。私をこの状況に押しとどめているのは誰だろう。外交官として国外へ赴任し滅多に帰ってこない弟ポールへの手紙に、カミーユは「作品を盗んだのはロダンだ」と書いた。ポールは一九〇九年の日記に、「カミーユはパリにて正気を失った」と書いた。

一九一三年、長年カミーユを心配し見守ってくれた父ルイ＝プロスペルが亡くなった。カミーユに父の訃報は伝えられず、その代わりに葬儀の六日後、ヴィル＝エヴラールの精神科病院のスタッフが二人がかりでカミーユを取り押さえ、連れ去った。新聞は勝手に入院を取り決めたポールと家族を批判したが、彼女を助け出せる者はいなかった。カミーユはそれから三十年を病院の中で過ごすことになる。

オーギュストはその頃には完全なる成功者だった。権力のもとへ集まる人々、とりわけ美しい女性たちに囲まれて過ごし、最後にはローズのもとへ戻っていた。カミーユの入院の報《しら》せに胸を痛め、計画中だった自身の美術館の一室をカミーユの作品に充てようとし、カミーユのために献金しようと試みた。一九一四年に第一次世界大戦が始まり、疎開先からムドンへ帰った頃には、年齢と病気が彼の生活を支配していた。カミーユは戦争の影響で南仏のモンドヴェルグの病院へ送られていた。美術館の計画を前に巨匠の社会的体裁を整える必要があると人々は考え、一九一七年にオーギュストとローズは正式に結婚する。尊重も解放もされなかったローズはオーギュストに寄り添い続け、式の二週間後に亡くなった。その年の終わり、彼にとってのもう一人の妻、その実生涯結婚しようとはしなかったカミーユを気にかけながら、オーギュストもこの世を去った。

ポールは病院の中にいるカミーユの処置や、カミーユに支払われる年金と彼女のための出費、不動産のことなどで母ルイーズおよび姉ルイーズと対立するようになっていた。母は故郷ヴィルヌーヴの家をかわいい方の娘のために勝手に処分してしまったのだ。母ルイーズは外へ出してほしいというカミーユの手紙と、カミーユが回復しつつあるという病院の提言を拒み続けて一九二九年に、生涯カミーユと打ちとけなかった娘の方のルイーズも一九三五年に亡くなった。一人残ったポールは数年に一度、病院を見舞う。そしてそのたびに美しかった姉はひどく老いてしまったと繰り返した。美しい天才少女と、美しかったのに老いて醜くなり、自分以外の男の手によって敗北させられた悲劇的な女のイメージを、ポールは書き記し続けた。

一九四三年、カミーユはモンドヴェルグで生涯を終える。病院で過ごした三十年間、彼女は一度も彫刻を作らなかった。三十年という年月は、文字の上で「さんじゅうねん」と発音する間にさっと通り去るのではない。一秒が過ぎ、一日が経ち、一万九百五十日が積

み重なって波のように押し寄せるのだ。

『カミーユ・クローデルの頭部とピエール・ド・ヴィッサンの左手』は、カミーユがアトリエを去った二年後のオーギュストの作品である。女性の顔に、不釣り合いなほど大きな男性の手が添えられた石膏像。ピエール・ド・ヴィッサンとはオーギュストの代表作『カレーの市民』の登場人物。百年戦争の最中にカレー市民を救うため、自らをイングランドに差し出した英雄の一人だ。不安そうにも、あどけなくも、幼気《いたいけ》にも見えるカミーユの顔。かわいそうな者を庇護《ひご》するように、儚《はかな》い者を慈しむように、英雄の巨大な手が彼女の視線を遮ろうとする。しかし自分の人生が取るべき形を、いまだ何も彫られていない場所から取り出し続けたカミーユの頭が、「英雄」の手に比べてこんなにも小さくなかったことを私たちは知っている。

# 人見絹枝

## 走って走って走って
## 「意味」を振りほどく

躍動するのは、間違いなく私の身体《からだ》だ。ばねがしなって、弾《はじ》けて、ぐんぐん前へ進むのは私のただの肉体だ。しかしこの躍動は、放たれた瞬間に思いがけない「意味」をもたらすらしい。自分の全ての筋肉の動きに「意味」が宿ることがたまらなく嬉《うれ》しく、そして苦しい。

人見絹枝が生まれて初めて駆けまわる喜びを知ったとき、そこに意味はなかった。一九〇七年生まれの絹枝が川を飛び越え、魚を捕まえて遊ぶ姿に誰もが「女の子がこんなことをして、何の意味があるんだ？」と囁《ささや》いたが、少女自身にはその「分からなさ」が分からなかった。――女性の精神と肉体は激しい運動に耐えられるものではない。子供が産めなくなる。女性には運動も、もちろん学問も必要ないと、人々は固く信じていたのである。

それでも家族はずいぶん好きにさせてくれた。外で遊ぶ娘に手を焼きながらも強くは叱らなかった。「農家の娘を良い学校へやって、何の意味があるんだ?」と囁かれるのを承知で、高等女学校まで通わせてくれた。女性がこれからの時代を生きるために必要なのは学ぶ機会だという父・猪作《いさく》の親心に、絹枝と姉は応えた。秀才の姉と違って数学だけはどうにも苦手だが、文才には自信がある。片道六キロの通学路も苦ではなかった。

絹枝が通った岡山県立岡山高等女学校はスポーツ教育に積極的だったが、学校の方針を問わず、当時日本中の女学生がテニスに並々ならぬ熱を持っていた。女性に運動が許されるのは女学校までという常識が少女たちを急がせていたのか、白球を追いかける自由が自分たちの未来を解放すると予感していたのか、女性は運動に不向きだという通説が全くの間違いだと体感で理解していたのか、休み時間のたびに若者たちはテニスコートを奪い合った。もちろん絹枝も夢中になった。入学して間もない一九二〇年、中国女子庭球大会に出場する先輩の応援にも皆で駆けつけた。しかし絹枝はこの大会で、初めて「意味」の重荷を知ることになる。岡山女子師範学校との試合に負けた選手に、観客は露骨に失望を見せた。帰属する学校の名誉のために、勝って当然。どれだけ努力したとしても負けてしまえば価値がない。観客を楽しませたとは到底言えない。必死で練習し、その過程に喜び、鍛えた身体をもって晴々と臨む、ただそれだけの行為の外側でうごめく「意味」の重圧は絹枝を戸惑わせた。

来年こそは自分が先輩たちの悔しさを晴らそう。身を切るように決意した絹枝に、母・

岸江は家族に内緒で、決して安くはないラケットを買ってくれた。その秘密はすぐに家中の知るところとなるが、皆根負けした。彼女の腕を力ずくで摑《つか》んでラケットを振らせてもテニスとは呼べないように、彼女の腕を力ずくで押さえつけて望まない生活をさせても生きているとは言えない。翌年、選手となった絹枝が因縁の女子師範を破った試合には、猪作の姿があった。観客たちは歓声をあげ、熱気が大きなうねりとなる。必死で練習し、その過程に喜び、鍛えた身体をもって晴々と臨む。肉体の最高出力のあとから、勝負の「意味」が追いついてくる。息を切らせ立ち尽くしながら勝利という「意味」に抱きしめられる。その一瞬の幸福が、ただコートを満たしていた。

一九二三年、絹枝は学校に請われて第二回中等学校競技大会陸上競技会に出場する。陸上競技の練習などしたことはない。しかし彼女の帰属意識は、学校に名誉をもたらしたいと望んでいた。娘は脚気《かつけ》の心配があるので、と渋る猪作に教師たちは説得を続け、医者同伴での出場の約束を取り付けた。種目は走り幅跳び。大会で絹枝が出したのは、当時の日本新記録に相当する距離だった。日本新記録！　日本で一番跳んだのだ、この私が。力が身体を駆け巡り、その発露として筋肉が躍る。スポーツとは、こんなことなのだ。ほとんど全ての女学生が学校を出ると同時に取り上げられ無縁となる、スポーツというものは。

卒業を控えた一九二四年、絹枝に東京の二階堂体操塾へ進学してはどうかという話が持ち上がる。二階堂トクヨによって設立されてまだ二年ほどの、体育教師を育成するための女学校。大会で活躍したとはいえ、絹枝はスポーツを生業《なりわい》にする未来など想像もしていなかった。彼女の才能を推し続けてきた岡山高女の和気校長は家を訪ね、ヨーロッパなどに比べて小さい日本の女性の体格を鍛えること、これまで放置されてきた女性の教育体制を整えることの重要さを絹枝と猪作に熱心に語り続けた。私が運動を続けることが、女子教育の発展に繋《つな》がるかもしれない。そんな「意味」は絹枝を奮い立たせた。

とはいえ二階堂体操塾は、想像していたよりも厳格だった。トクヨは既に好成績を上げていた生徒にも厳しく接する人だ。これまで経験したことのない本格的な指導と、気持ちの折り合いがつかない。この苦しさの先にあの喜びが本当にあるのだろうか。そんな絹枝の苦悩は、故郷岡山から再び出場を願われた陸上競技大会で、世界新記録を出したことでようやく拭われる。折しも明治神宮外苑《がいえん》競技場が建てられ、まだ輪郭が見えてきたばかりの女子スポーツ界は、自らを背負う人材を探し求めていた。

＊

絹枝のもとに大阪毎日新聞社からの遣いが来たのは、一九二六年の春だった。前年に体操塾を卒業した絹枝は、京都の女学校での体育指導、二階堂の代理としての台湾での指導講師を経て、母校へ戻っていた。自分の記録も、日本の女子スポーツ界の進捗も担おう。

そう心に決めた絹枝は、明治神宮外苑競技場での第二回競技大会で三段跳びの世界新記録を出し、五十メートル走でも優勝する。絹枝の成績は注目の的だった。大阪毎日新聞社は、追い風が吹いていたスポーツ報道のさらなる盛り上がりを願って絹枝のスカウトを他紙と競い、岡山の実家へも訪問を重ねた。

女性アスリートはもちろん、女性新聞記者もいまだ珍しい存在。女性「でも」できることを証明しなければならないというハードルは、間違いなく女性にしか課せられない重圧と言える。堂島の大阪毎日新聞社屋から練習場所へ直行する日々は多忙を極めた。

入社して間もない初夏、絹枝は日本女子スポーツ連盟によって、スウェーデンはヨーテボリで開催される第二回万国女子オリンピック大会への出場を推薦される。その直前に行われた第三回日本女子オリンピック大会で、他の選手を圧倒する非公式新記録を出した絹枝に声がかかるのは当然だったが、本人は戸惑っていた。長年確かな練習を積んだわけでもない自分が行ってもいいものだろうか？　出場者は自分ひとり。すなわち日本の女性を代表することになる。……もし負けたら？　他の選手に比べて至らなかったら？　日本の評判を、日本の女性の評判を落とすのではないか？　数年前、「母校に名誉を」と望んだ一途《いちず》さが今度は絹枝にのしかかる。しかし女子スポーツ界の行く末を思うと断ることもできない。出場を決めた絹枝に、世間の人々の熱い視線が注がれた。

七月、大阪を発《た》った絹枝の旅は下関から釜山《プサン》、ハルピンを通って、シベリア鉄道でモスクワへ。そこからヘルシンキ、ストックホルムを経てヨーテボリまで、という約一か月の長い道のりだった。列車が駅に停《と》まるたび、寸暇を惜しんでトレーニングに励んだ。途中で立ち寄った都市では、親善試合にも出れば、新聞記者として取材も行う。街から街への道すがら、サポートしてくれる同行者はいても、日本人アスリートは絹枝一人だった。大会でも日本人はもちろん一人だ。自分がつまり日本なのだと、絹枝は巨大な重荷を自らに課した。課さざるを得なかったのだ。誰もが疑いようもなく、絹枝と自分自身を、絹枝と日本を、自分自身と日本を同一視していた。

百ヤード走で三位、円盤投げで二位を取った絹枝は、初日から目立っていた。もう、ここまで来たらやるしかない。二日目にエントリーしていた他の種目を棄権し、走り幅跳びで必ずメダルを獲《と》ろう。自分が獲らなければならない。慣れない土に踏切のタイミングが合わず焦る。支えてくれた大阪毎日新聞・木下部長の「誰でもいいから日本の神様に祈れ」という言葉が、追い詰められた頭をよぎる。誰でもいいのは、祈るのが自分自身だからだ。イギリスの優勝候補、ガン選手を超える絹枝の数字が審判によって叫ばれる。個人優勝のカップと名誉賞のメダルが、大会会長のアリス・ミリアから華々しく手渡される。「意味」はいつも、絹枝が躍動したあとから追いかけてきた。

このミリアによって万国女子オリンピックの前身が一九二一年に設立されたとき、その名はウィメンズ・オリンピアードだった。一九〇〇年の第二回パリオリンピックの公式ポスターには女性のイラストが掲げられているにもかかわらず、女性が参加できる競技はこの大会でようやくしぶしぶ認められたばかりだった。それも、テニスとゴルフのみ、服装はロングスカートに長袖。近代オリンピックの父クーベルタンは女性アスリートの参加を「オリンピックの品位を下げる」として頑《かたく》なに拒み続けた。参加が認められる種目はあっても、厳しい服装規定（女性が肌を露出するなんて！）を課せられ、また種目も男性が許容できる範囲（女性らしい競技でなくちゃ！）に限られる。その不均衡を是正するようミリアがIOCに交渉し、断られたあとに設立したのが女性だけの大会である。この大会に「オリンピック」の名が含まれていることをIOCは嫌がり、オリンピックとは関係のない、単なる名もない大会とするように求めた。ミリアは大会の名を変える代わりに、今後のオリンピックに女子陸上競技を含めるよう訴えた。

一九二八年、アムステルダムオリンピックが迫っていた。

＊

帰国して講演会、新聞記者の仕事、練習に奔走する絹枝は、一九二七年初夏の日本女子オリンピックで初めて一位ではなく二位になる。種目は五十メートル走、相手は橋本静子。橋本のほかに、寺尾正《きみ》・文《ふみ》の双子の姉妹も百メートル走で頭角を現していた。日本で競り負けるということは、世界と競うときに仲間がいるということだ。自分のほかに女子スポーツを牽引《けんいん》する人材がいるということだ。一人で背負わなくていいということなのだ！

しかしアムステルダムオリンピックに、絹枝は再び一人で向かわなければならなかった。橋本は選考に適《かな》わず、寺尾姉妹は選考さえされなかった。引退させられたからだ。雑誌『婦人倶楽部』一九二八年一月号に、久米正雄の連載小説『双鏡』が掲載された。正と文をもじった双子の美人姉妹が主人公の恋愛小説である。もとより「美人すぎる」選手として騒がれていたところに、明らかに性的な視線を伴う恋愛小説のモデルへの一方的な借用が重なり、娘を無理にでも引退させるという選択へ両親を向かわせた。女性のただそこにある身体にあとから纏《まと》わりついた性的な「意味」によって（仮に久米がその視線を暴こうと試みたのであったとしても）、寺尾姉妹は唯一無二の機会を、絹枝は唯一無二の仲間を未来永劫《えいごう》奪われた。『双鏡』はアムステルダムオリンピックよりもあと、十二月号で打ち切られた。

アムステルダムで、絹枝は一人だった。盟友ガン選手は女子に「認められた」種目が少なすぎたために国が出場を見送っていた。ガンと絹枝のぶつかり合った走り幅跳びは、そのたった五つの種目に含まれていなかった。男子アスリートの仲間がいることはヨーテボリとの違いだったが、彼らも成績がふるわず、宿泊所は選手が会場から戻るたびに沈痛な雰囲気に包まれた。今日負けて帰るなら川に沈んだ方がましだ、誰もがそう願っていた。

重い雰囲気の中、絹枝の百メートル走に全員の期待がかかる。しかし予選を勝ち進んだのは、絹枝でも、絹枝が警戒していた有力候補でもなく、全くノーマークの選手だった。

決勝でさえなく、予選敗退。そのとき絹枝の頭を支配していたのは「日本の名誉に泥を塗った」という考えだった。彼女の肉体から生みだされたはずの勝利の「意味」が、今度こそ彼女を押しつぶそうとしていた。自分の「敗北」が、女性がスポーツをすることそのものへの否定にまで繋がってしまう。このまま日本へは帰れない。摩耗する絹枝に残されたよすがは、念のためにエントリーだけして棄権予定だった八百メートル走のみ。八百メートルを走る練習などしてこなかった。周りには強豪しかいない。それでもやるしかない。

有名選手のペースに合わせてどうにか予選を通過し、重圧にだらだらと流れる涙をそのままに夜を明かす。無我夢中で走り出した決勝で、前を行く選手と競り合ううちに、目の前が暗くなり、足が動かなくなる。それでもやるしかない。腕だけを振り続ける。ブラックアウトした視界から呼び戻されたときには、ゴールの先で倒れていた。二位だった。二位。にい。やはり「意味」は絹枝が走った随分あとから、ようやく追いついてくるようだ。日本初の女性メダリストが、ただ泣きながらグラウンドに倒れていた。

＊

ゴールで多くの選手が倒れたという理由で、再び「女性には過酷な運動はふさわしくないのでは」という非難が持ち上がり、次の大会から女子八百メートルはまたオリンピックから締め出されることとなる。帰国してからというもの燃え尽きていた絹枝は、翌一九二九年になって引退「しない」ことを決意した。流れ流れて、フィールドに立たされるようにしてここまで来た。もう走らなくてもいいじゃないか、もう楽になろうか、と思ったけれど、今やめてしまったら日本女子スポーツ界の歩みが止まるように思えた。後輩を育ててからでもきっと、遅くはない。

プラハでの第三回万国女子オリンピックには、絹枝のほかにも出場できそうな女子選手がいた。しかし人数が増えるということは、経費が増えることである。全国の女学校から少しずつ募金を集めるアイデアを思いついた絹枝は少しも休まず寄付を願う手紙を書き、自伝を書き、同時に新聞記者の仕事もこなし、もちろん練習に明け暮れた。練習。練習。練習。五月の日本女子オリンピックの結果に鑑み、五人の少女が新たに選ばれた。

年の離れた少女たちは、背中を任せる仲間というより、まるで心配をかける妹のようだ。たしかに、一人きりで前例のない道を切り開くような緊張感を持てという方が無理かもしれない。外国に慣れない少女たちのサポート、ときにはヨーロッパの食事でウェイトが増えすぎた選手の体重管理まで常に気を回した。少女たちには仲間がいる。それは絹枝が渇望したことだった。

優勝を狙えそうだった個人種目を投げうって、絹枝はリレーへの出場を優先した。四百メートルリレーの結果は四位。個人では走り幅跳びが一位、三種競技が二位、六十メートル走が三位。個人総合記録は二位。これからの女子スポーツの展望を思えば、素晴らしい足がかりのはずだ。休む暇もなく、帰路ヨーロッパのあちこちで試合に参加した絹枝の身体には計り知れない疲労が蓄積していた。どれだけ身体がつらくても、後輩だけ出場させて日本チームの成績が悪かったらと思うと出ざるを得ない。そして日本へ戻る船の中で、船酔いにぐったりと身体を横たえながら目にした手紙に絹枝は愕然《がくぜん》とした。日本の人々が、この大会の結果にがっかりしているというのだ。九年前のあの庭球大会のように。必死で練習し、その過程に喜び、鍛えた身体をもって晴々と臨む。ただそれだけの行為に勝利の「意味」が宿ることが面映《おもは》ゆく、幸福で、もちろん重苦しくてたまらなかった。それでも「意味」よりも先に立って走ってきたのだ。いつでも夢中で走ったあとから勝利という「意味」がやっと追いついてきたのだ。女性の身体が躍動する、ただそれだけのことに勝手に纏わりつく性的な「意味」を振り落とす。成績を残すことで、女性が自由にスポーツをすることに「意味」などないという世界を塗り替える。そのために努力してきた。これ以上、一体何をすればよかったというのだろう？　故郷の人々よりも、イギリスのガンをはじめ、これまで競ってきた盟友たちの方がこの悔しさを理解してくれるに違いない。海の向こうへ戻ってしまいたかった。

神戸港へ着岸する直前、乗っていた船が衝突事故を起こし、あわや沈没という騒ぎになった。もう全ての仕事を終えたのだから、死は怖くないはずだった。それでも何とか無事に上陸できたときに「神に手を合わせて感謝した」という絹枝は、これからの人生に展望を持っていただろう。これから、何でもできる。自分一人で重圧に押しつぶされずに済む。後輩たちが育っていくのを見届けられる。いつか日本でオリンピックが開催される日も実現する。

しかし「これから」は来なかった。少女たちを親元へ送り返し、講演にお礼まわり。仕事、仕事の日々の中、一九三一年の早春、絹枝は布団から起き上がれなくなる。診断は肋《ろく》膜炎《まくえん》。血を吐いて大阪の病院へ担ぎ込まれた。乾酪性肺炎へ移行した病状は重く、面会謝絶が言い渡され、季節は夏になっていた。絹枝が後輩を押しのけて出場しすぎだ、という態度さえ示していたマスコミは、国のために我が身を犠牲にした悲劇の女性アスリートの切ない記事を書き連ねた。病の床に臥《ふ》せっているという弱々しさが「女らしさ」のお眼鏡に適ったとすれば、マスコミの態度には辻褄《つじつま》が合った。長らく絹枝と同居しながら彼女をサポートしてきた、そのために根拠のない妄想を繰り返し書き立てられてきた体操塾時代の後輩・藤村てふとの、センセーショナルなロマンスの捏造《ねつぞう》さえ蒸し返された。誰もが絹枝の行く末に、先回りして「意味」を置きたがる。そんな世界の中にあっても、絹枝はどうしても生きたかった。だって、そんな世界が変わっていく様を見たいではないか。女性が自分の身体を好きに動かすことが批判され、肉体のパフォーマンスではなく身体を眼差《まなざ》され、女性らしいかどうかが躍動よりも優先され、あらゆる観客の気に入る分かりやすい結果がスポーツそのものよりも重視される世界が、変わっていく未来を見たいではないか。

一九六四年、東京オリンピックの聖火が岡山を通過する。猪作はその炎を絹枝の遺影を胸に抱えて見た。絹枝の死から三十三年が経《た》っていた。それからさらに五十七年後の二〇二一年、新型コロナウイルス感染症流行の中、東京オリンピックが開催される。感染症対策のために縮小された聖火リレーのランナーは、岡山県を通らなかった。

走って、走って、走って、走ったあとからようやく「意味」がついてくる。世界が変わって、変わって、変わって、変わったあとからようやく「意味」を振り切れたと、私たちは初めて思えるのかもしれない。

# おわりに

この本には、歴史の中で「女性」として取り扱われた二十人の人物が登場する。全員が非の打ちどころのない人選でもなければ、全員が非の打ちどころのない人物でもないだろう。重要な功績を残した人でも、かつては間違っていたことや、気づいていなかったこともある。時代が変わった今では、結果論的ではあるが同意しがたいこともある。この二十人のほかにも、重要な功績を残さなかったり、残したはずなのに残していないことにされ、記録されることなく、私が永遠に知り得るチャンスを失ってしまった人物もいるはずだ。当時は「女性」として認識さえされず、「女性」として充分に資料を作られることさえなかったトランスジェンダー女性もいるはずだ。私は彼女たちを取りこぼしている。

もうその彼女たちの人生は失われ、歴史のはるか彼方《かなた》に去ってしまい、私たちのもとへ戻ってくることはない。私はその事実が、とても苦しい。誰を評価するか、誰を記録するかを決められる立場の人間のちょっとした選択によって、もう会えない彼女たちがいることが。こうして本を書き、二十人を選んでいる私も、誰を記録するか決められる立場の人間に含まれている。

実在した人物について書くことはとても恐ろしい。私が彼女について書き、その人生に自分と似たところを見つけ、勇気づけられることを、彼女自身がどう思うかは誰にも分からない。現実を生きていた彼女の人生は、物語のようにうまくオチてはくれない。報われるとも限らない。もちろん教訓を引き出すためのものでもない。私たちの人生と同じように。だから勝手に語ることは、本当はできないのかもしれない。

この本では、彼女たち自身が書き残した手紙や日記、作品、受けたインタビュー、身近な人が語ったエピソードから、感情が表れている言葉をなるべく探し、フォーカスしたつもりだ。しかし同じ言葉を使ったとしても、彼女自身が彼女について語ることは事実だが、私が語ることは編集である。それでも私は、彼女たちの感情が微《かす》かにでも読み取れるようなものを書きたかった。「女は感情的」というけれど、感情ほど重要なものがあるだろうか。それに、もし彼女たちが感情的に怒っているなら、それはごく当然のことではないだろうか。

子供の頃、私は伝記漫画シリーズを愛読していた。男性の「偉人」がフルネームで並べられる中、マリー・キュリーだけは『キュリー夫人』と題されていた。

いつの時代も、たくさんの若者が「何者かになりたい」と野望を抱く。しかし野望を抱く若い女の子のうちの何人が、自分が何者かになりつつあるときに投げかけられる言葉を予測できるだろう。「仕事と家庭の両立は？」「何者かになるなら、普通の幸福は諦めるんだよね？」「女の子なのに大々的に活躍を認められたいの？」「そこまで活躍したいなら、一秒も休まずに頑張るんだよね？」という暗黙の言葉を。輪郭のない幸福をあてがわれ、さらにその幸福を失ったかのように見せかけられることを。

彼女たちは、そんな煩わしさを力強く撥《は》ねのけ続けたのだろうか。いつでも元気で、揺らぐことなく、エネルギーと自信に満ちあふれていたのだろうか。そんなはずはない、と思いこの本を書いた。

彼女たちの人生について書かれた本を読むのにかかる時間はさほど長くはない。一冊まるごとでもせいぜい数時間から数日。この本では一話七、八千字だから十五分くらい。しかし実際の彼女たちの人生は、本を読む時間よりもずっとずっと長い。「○○年、○○をした」という簡単な年表の中の短い文章には、計り知れない感情が詰まっている。何かが欲しくて欲しくてたまらなくて、または何かが嫌で嫌で仕方なくて、それでも何かをせずにはいられなくて、歯痒《はがゆ》かった時間が詰まっている。私たちの人生と同じように。

二〇二四年一月

はらだ有彩

# 女性たちのプロフィール

**トーベ・ヤンソン**（一九一四‐二〇〇一）Tove Marika Jansson
フィンランド、ヘルシンキ生まれ。作家、画家。彫刻家の父、画家の母の下で育ち、十五歳の頃に挿絵の仕事を始める。ストックホルム、ヘルシンキ、パリで絵を学び、一九四八年、シリーズ三作目の『たのしいムーミン一家』が大ヒットとなる。油彩、漫画、作詞、舞台美術、映像、小説などマルチな才能を見せた。

**鴨居羊子**（一九二五‐一九九一）かもい・ようこ
大阪府豊中市生まれ。大阪読売新聞の記者などを経て、一九五五年、下着デザイナーとして独立。五八年、株式会社チュニック設立。女性自身が楽しむファッションとしての下着文化を作り出し、人形作家や画家、文筆家としても独自の才能を発揮した。

**相馬黒光**（一八七五‐一九五五）そうま・こっこう
仙台藩士の家に生まれる。ミッションスクールや明治女学校で高等教育を受けた後相馬愛蔵に嫁ぎ、二人でパン店「中村屋」を始める。愛蔵とともに日本初のクリームパンを考案した他、インド、ロシア、中国などの文化を取り入れて新商品を開発し、中村屋を繁盛させた。

**フローレンス・ナイチンゲール**（一八二〇‐一九一〇）Florence Nightingale
イタリア、フィレンツェ生まれ。イギリスのジェントリ階級の裕福な家庭に生まれ、家族の反対に遭いながら看護の道を目指す。クリミア戦争の最中、イギリス政府から野戦病院での看護を依頼されナイチンゲール看護団を率いてトルコのスクタリ（現在のユスキュダール）へ向かう。戦後はイギリスの市街の衛生環境や医療体制の改善に尽力し、看護婦を育てた。

**崔承喜**（一九一一‐一九六九?）さい・しょうき／チェ・スンヒ
京城（現在の韓国・ソウル）生まれ。十五歳でモダンダンスの先駆者・石井漠に師事し、日本で大人気の舞踊家となる。第二次世界大戦後、朝鮮の古典舞踊研究を続けるために日本軍へ慰問を行ったことなどから親日派と判断され、大韓民国となった故郷での活動が困難になり北朝鮮へ渡った。

**エバ・ペロン**（一九一九－一九五二）María Eva Duarte de Perón
アルゼンチン生まれ。地方農村の貧しい私生児から大統領夫人になり、アルゼンチンの政治に多大な影響を与えた。エバの遺体はイタリアで秘密裏に埋葬されたあと、ペロン派の若きアイコンになり、エバ自身も映画化されアルゼンチンのアイコンにもなった。

**マリー・キュリー**（一八六七－一九三四）Marie Curie
ポーランド、ワルシャワ生まれ。パリのソルボンヌ（パリ大学）に進学し、研究を通じて出会ったピエール・キュリーと結婚する。夫とともに放射線について研究し、女性で初めてノーベル物理学賞・化学賞を受賞した。

**ワンガリ・マータイ**（一九四〇－二〇一一）Wangari Muta Maathai
イギリス統治下のケニア生まれ。砂漠化が進むケニアでのグリーンベルト運動、ケニアの民主化への貢献が評価されノーベル賞を受賞した。ケニア政府からたびたび迫害されながら、後年には国会議員も務めた。

**フリーダ・カーロ**（一九〇七－一九五四）Magdalena Carmen Frida Kahlo y Calderón
メキシコ生まれ。少女時代に事故で負った怪我の痛みや、胎児を後遺症で亡くした喪失感、夫の浮気によって傷つけられた心情を独学で描いた。没後、女性の身に起きた苦しさを率直に表した作品がフェミニズムの文脈で大きく再評価された。

**プーラン・デーヴィー**（一九六三－二〇〇一）Phūlan Devī
インド、ウッタル・プラデーシュ州生まれ。武装盗賊集団ダコイトに誘拐されたのち自身もダコイトとなり、「女盗賊」として世界的に有名になった。インディラ・ガンディー政権下で投降し服役したのち、政治家となった。

**秋瑾**（一八七五－一九〇七）しゅう・きん／チウ・チン
清朝末の厦門生まれ。教育を受けないことを女性の美徳とする時代に詩を作る。清の外政と内政を憂えて日本に留学し、革命集団光復会のメンバーとして活動する。仲間の徐錫麟と武装蜂起を計画し、三十一歳で処刑された。

**ダイアナ・フランセス・スペンサー**（一九六一－一九九七）Diana Frances Spencer
イギリスの貴族の家系に生まれる。チャールズ皇太子との結婚は世界中に見守られた。「人々の心の王妃でありたい」との言葉のように、離婚後はそれまで以上に慈善事業に尽力し、特に対人地雷撲滅運動に影響を与えた。

**ローラ・モンテス**（一八二一－一八六一）Lola Montez　※生年については諸説あり
アイルランド生まれ。スペイン出身と偽り、スパニッシュダンスと絶え間ないスキャンダルで一世を風靡した。一八四〇年代の不安定なヨーロッパを巡業し、様々な男性と関係を持った。特にバイエルン王ルートヴィヒ一世との親密な関係は近隣諸国から注目された。

**マーガレット・ミード**（一九〇一－一九七八）Margaret Mead
アメリカ合衆国、フィラデルフィア生まれ。二十世紀のアメリカで最も有名な文化人類学者のひとり。一九二八年に『サモアの思春期（Coming of Age in Samoa）』を発表。その後も南太平洋や東南アジアでフィールドワークを行い、アメリカの家庭や性のあり方に大きな影響を与えた。

**吉屋信子**（一八九六－一九七三）よしや・のぶこ
新潟市生まれ。栃木高女在学中より少女雑誌に物語や短歌の投稿を始める。一九一九年「大阪朝日新聞」の懸賞当選作『地の果まで』で作家デビュー。『女の友情』『良人の貞操』など家庭小説や少女小説で女性読者の支持を得、広く共感を呼んだ。戦後の作品に『鬼火』や歴史小説『徳川の夫人たち』などがある。

**ハンナ・アーレント**（一九〇六－一九七五）Hannah Arendt
ドイツ、ハノーファー生まれ。ハイデガー、フッサール、ヤスパースに学んだ哲学者、思想家。ユダヤ人としてナチスに迫害され、亡命先のアメリカで『全体主義の起原』を執筆した。大学でも精力的に教えた。アイヒマン裁判を記録した『エルサレムのアイヒマン』が大きな議論を巻き起こした。

**ソニア・ドローネー**（一八八五－一九七九）Sonia Delaunay
ウクライナ生まれ。叔父に引き取られサンクトペテルブルクで美術や哲学を学び、ドイツ、パリへ留学。パリでロベール・ドローネーと結婚し、彼が探究していたオルフィスム、同時主義を独自に発展させる。芸術を家具や衣服に展開する服飾芸術を発表。ロベールの死後は彼の功績を広めることに尽力した。

**羅蕙錫**（一八九六－一九四八）ナ・ヘソク／ら・けいしゃく
李氏朝鮮時代の水原生まれ。東京の女子美術学校に留学する。朝鮮で初めての女性西洋画家とされている。三・一独立運動をはじめ、朝鮮の独立運動に多く関わった。絵の他に文章にも秀で、主に朝鮮の女性の生き方や、良き朝鮮のあり方について作品を多く書いている。

**カミーユ・クローデル**（一八六四－一九四三）Camille Claudel
フランス、エーヌ県生まれ。十二歳で彫刻を始め、十九歳の時にオーギュスト・ロダンと出会い、モデル、共同制作者、恋人としての関係を持つ。二十八歳で彫刻家として独立したが関係は続き、三十四歳頃ロダンと決別。一九一三年に父が死去して以降は精神科病院で残りの人生を過ごした。

**人見絹枝**（一九〇七－一九三一）ひとみ・きぬえ
岡山県福浜村（現在の岡山市）に生まれる。岡山高等女学校・二階堂体操塾卒業後は大阪毎日新聞社記者として活動する一方、万国女子オリンピックの走り幅跳びで連続優勝。さらに日本の女子選手として初めて出場したアムステルダムオリンピックでは、八百メートルで銀メダルを獲得。文才にも秀で、女子スポーツ界への理解を高めようと執筆、講演、募金活動などを精力的に行った。

## 主な参考文献

●トーベ・ヤンソン
『彫刻家の娘』 トーベ・ヤンソン（著） 冨原眞弓（翻訳） 講談社
『トーベ・ヤンソン 仕事、愛、ムーミン』 ボエル・ウェスティン（著） 畑中麻紀（翻訳） 森下圭子（翻訳） 講談社
『ムーミンの生みの親、トーベ・ヤンソン』 トゥーラ・カルヤライネン（著） セルボ貴子（翻訳） 五十嵐淳（翻訳） 河出書房新社
『島暮らしの記録』 トーベ・ヤンソン（著） 冨原眞弓（翻訳） 筑摩書房

●鴨居羊子
『新装版 鴨居羊子とその時代——下着を変えた女』 武田尚子（著） 平凡社
『わたしは驢馬に乗って下着をうりにゆきたい』 鴨居羊子（著） ちくま文庫
『わたしのものよ』 鴨居羊子（著） 日動出版部
『鴨居羊子の世界』 近代ナリコ（責任、編集） 河出書房新社

●相馬黒光
『黙移 相馬黒光自伝』 相馬黒光（著） 平凡社ライブラリー
『新宿中村屋 相馬黒光』 宇佐美承（著） 集英社
『相馬愛蔵・黒光著作集〈5〉広瀬川の畔』 相馬愛蔵（著） 相馬黒光（著） 相馬愛三・黒光著作集刊行委員会（編集） 郷土出版社
『アンビシャス・ガール—相馬黒光—』 山本藤枝（著） 集英社

●フローレンス・ナイチンゲール
『ナイチンゲールが生きたヴィクトリア朝という時代（ナイチンゲールの越境4：時代）』 中島俊郎ほか（著） 日本看護協会出版会
『闘うナイチンゲール』 徳永哲（著） 花乱社

『ナイチンゲール 神話と真実【新版】』 ヒュー・スモール（著） 田中京子（翻訳） みすず書房
『新訳・ナイチンゲール書簡集 看護婦と見習生への書簡（現代社白鳳選書 7）』 フローレンス・ナイチンゲール（著） 湯槇ます ほか（編訳） 現代社

●崔承喜
『さすらいの舞姫 北の闇に消えた伝説のバレリーナ・崔承喜』 西木正明（著） 光文社
『炎は闇の彼方に 伝説の舞姫・崔承喜』 金賛汀（著） 日本放送出版協会
『帝国と戦後の文化政策――舞台の上の日本像』 朴祥美（著） 岩波書店
「伝説の舞姫・崔承喜――金梅子が追う民族の心」（映画パンフレット） 監督／藤原智子

●エバ・ペロン
『エビータの真実』 アリシア・ドゥジョブヌ・オルティス（著） 竹澤哲（翻訳） 中央公論新社
『エビータ！その華麗なる生涯』 W・A・ハービンソン（著） 正田宗一郎（翻訳） ダイナミックセラーズ出版
『聖女伝説 エビータ』 ニコラス・フレイザー（著） マリサ・ナヴァーロ（著） 阿尾正子（翻訳） 原書房
『エビータ 写真が語るその生涯』 マティルデ・サンチェス（著） 青木日出夫（翻訳） あすなろ書房

●マリー・キュリー
『マリー・キュリー フラスコの中の闇と光』（グレート・ディスカバリーズ） バーバラ・ゴールドスミス（著） 小川真理子（監修・読み手） 竹内喜（翻訳） WAVE出版
『マリー・キュリーの挑戦 科学・ジェンダー・戦争』 川島慶子（著） トランスビュー
『マリ・キュリー 放射能の研究に生涯をささげた科学者』（ちくま評伝シリーズ〈ポルトレ〉） 筑摩書房編集部（著） 筑摩書房
『スゴ母列伝 いい母は天国に行ける ワルい母はどこへでも行ける』 堀越英美（著） 大和書房

●ワンガリ・マータイ
『ワンガリ・マータイ ケニアに緑を取りもどした環境保護活動家』（学研まんがNEW世界の伝記SERIES） 毎日新聞社MOTTAINAIキャンペーン事務局（監修） MAKO．（まんが） 学研教育出版

『へこたれない UNBOWED ワンガリ・マータイ自伝』 ワンガリ・マータイ（著） 小池百合子（訳） 小学館文庫
『ワンガリ・マータイ 「MOTTAINAI」で地球を救おう』（ちくま評伝シリーズ〈ポルトレ〉） 筑摩書房編集部（著） 筑摩書房

●フリーダ・カーロ
『フリーダ・カーロとディエゴ・リベラ』 堀尾真紀子（著） 武田ランダムハウスジャパン
『フリーダ・カーロ　悲劇と情熱に生きた芸術家の生涯』（ちくま評伝シリーズ〈ポルトレ〉） 筑摩書房編集部（著） 筑摩書房
『カップルをめぐる13の物語　創造性とパートナーシップ〈下〉』（20世紀メモリアル） ホイットニー・チャドウィック（編集） イザベル・ド・クールティヴロン（編集） 野中邦子（翻訳） 桃井緑美子（翻訳） 平凡社
『シュルセクシュアリティ―シュルレアリスムと女たち　1924－47』（PARCO PICTURE BACKS） ホイットニー・チャドウィック（著） 伊藤俊治（翻訳） 長谷川祐子（翻訳） PARCO出版局

●プーラン・デーヴィー
『インド盗賊の女王 プーラン・デヴィの真実』 マラ・セン（著） 鳥居千代香（訳） 未来社
『女盗賊プーラン』（上・下） プーラン・デヴィ（著） 武者圭子（翻訳） 草思社文庫
『盗賊のインド史 帝国・国家・無法者』 竹中千春（著） 有志舎

●秋瑾
『秋瑾 火焔の女』 山崎厚子（著） 河出書房新社
『秋風秋雨人を愁殺す　秋瑾女士伝』 武田泰淳（著） ちくま学芸文庫
『競雄女侠伝　中国女性革命詩人秋瑾の生涯』 永田圭介（著） 編集工房ノア
『秋瑾 嘯風』 藤森節子（著） 武蔵野書房

●ダイアナ・フランセス・スペンサー
『そして薔薇は散った　ダイアナ妃事故3年目の真実』 トレバー・リース・ジョーンズ（著） 高月園子（翻訳） ショパン

『ダイアナ妃 命をかけた最後の恋』（アナザーストーリーズ） 河出書房新社編集部（編集） NHK「アナザーストーリーズ」取材班 河出書房新社
『完全版 ダイアナ妃の真実 彼女自身の言葉による』 アンドリュー・モートン（著） 入江真佐子（翻訳） 早川書房
『ダイアナ―プリンセス 最期の日々――（字幕版）』（DVD） 監督リチャード・デイル ソニーミュージック

●ローラ・モンテス
『宮廷を彩った寵姫たち 続・ヨーロッパ王室裏面史』 マイケルケント公妃マリークリスチーヌ（著） 糸永光子（翻訳） 時事通信
『世界の悪女たち』（現代教養文庫―ワールド・グレーティスト・シリーズ） M・ニコラス（著） 木全冨美香（翻訳） 岡田康秀（翻訳） 社会思想社
『Divine Lola: A True Story of Scandal and Celebrity』Kindle版 英語版 Cristina Morató（著） Andrea Rosenberg（翻訳） Amazon Crossing
『歴史は女で作られる 歴史・伝記映画名作選』 柳澤一博（著） 集英社文庫

●マーガレット・ミード
『マーガレット・ミードとルース・ベネディクト』 ヒラリー・ラプスリー（著） 伊藤悟（翻訳） 明石書店
『マーガレット・ミード―はるかな異文化への航海』（オックスフォード科学の肖像） ジョーン・マーク（著） オーウェン・ギンガリッチ（編集代表） 西田美緒子（翻訳） 大月書店
『娘の眼から―マーガレット・ミードとグレゴリー・ベイトソンの私的メモワール』 メアリー・キャサリン・ベイトソン（著） 佐藤良明（翻訳） 保坂嘉恵美（翻訳） 国文社
『女として人類学者として―マーガレット・ミード自伝』 マーガレット・ミード（著） 和智綏子（翻訳） 京都大学人類学研究会

●吉屋信子
『吉屋信子―投書時代／逞しき童女』（作家の自伝館66） 吉屋信子（著） 松本鶴雄（編さん） 日本図書センター
『吉屋信子研究』 竹田志保（著） 翰林書房
『女人 吉屋信子』 吉武輝子（著） 文藝春秋

『自伝的女流文壇史』 吉屋信子（著） 講談社文芸文庫

●ハンナ・アーレント
『ハンナ・アーレント ——屹立する思考の全貌』森分大輔（著） ちくま新書
『ハンナ・アーレント「戦争の世紀」を生きた政治哲学者』 矢野久美子（著） 中公新書
『ハンナ・アレント』 川崎修（著） 講談社学術文庫
『ハンナ＝アーレント』（人と思想１８０） 太田哲男（著） 清水書院

●ソニア・ドローネー
『ソニア・ドローネ―パリ・デザイン界をリードした画家』（フェミニズム・アート） 竹原あき子（著） 彩樹社
『SONIA DELAUNAY: La Moderne』（図録） 読売新聞社
『ソニア・ドローネ―服飾芸術の誕生』 朝倉三枝（著） ブリュッケ
『ロベールとソニア・ドロネー——色は四本の手をもつ——』（名画の秘密をさぐる） イヴ・パンギーリ（著） 長島良三（翻訳） 岩崎書店

●羅蕙錫
『近代韓国の「新女性」・羅蕙錫の作品世界―小説と絵画』 渡辺澄子（著） 羅蕙錫（著） オークラ情報サービス
『評伝羅蕙錫 女性画家、朝鮮近代史を生きる』 浦川登久恵（著） 白帝社
『脱帝国のフェミニズムを求めて 朝鮮女性と植民地主義』 宋連玉（著） 有志舎

●カミーユ・クローデル
『カミーユ・クローデル 極限の愛を生きて』 湯原かの子（著） 朝日新聞社
『カミーユ・クローデル』 アンヌ・デルベ（著） 渡辺守章（翻訳） 文藝春秋
『カミーユ・クローデル １８６４－１９４３』 レーヌ＝マリー・パリス（著） なだいなだ ほか（翻訳） 宮崎康子（翻訳） みすず書房
『カップルをめぐる13の物語―創造性とパートナーシップ〈上〉』（20世紀メモリアル） ホイットニー・チャドウィック ほか（編集） 野中邦子ほか（翻訳） 平凡社

●人見絹枝
『人見絹枝物語─女子陸上の暁の星』 小原敏彦（著） 朝日文庫
『スポーツする文学 1920-30年代の文化詩学』 疋田雅昭（著） 日高佳紀（著） 日比嘉高（著） 青弓社
『スパイクの跡／ゴールに入る─伝記・人見絹枝』（伝記叢書 154） 人見絹枝（著） 大空社
『日本女子陸上初の五輪メダリスト 伝説の人 人見絹枝の世界』（岡山文庫309） 猪木正実（著） 日本文教出版岡山

**はらだ有彩**（はらだ・ありさ）

関西出身。テキスト、イラストレーション、テキスタイルをつくる〝テキストレーター〟。著書に『日本のヤバい女の子』シリーズ（柏書房／角川文庫）、『百女百様 街で見かけた女性たち』（内外出版社）、『女ともだち ガール・ミーツ・ガールから始まる物語』（大和書房）、『ダメじゃないんじゃないんじゃない』（KADOKAWA）。雑誌・ウェブメディアなどでエッセイ・小説を執筆している。

WEB：https://arisaharada.com

X：@hurry1116

編集 安武和美
齋藤 彰

初出
小学館「本の窓」2020年5月号〜2022年5月号（紙版・WEB版）に連載。単行本化にあたり、大幅に加筆・修正しました。

**「烈女」の一生**

二〇二四年三月五日 初版第一刷発行

著者 はらだ有彩
発行者 庄野 樹
発行所 株式会社小学館
〒一〇一－八〇〇一 東京都千代田区一ツ橋二－三－一
編集 〇三－三二三〇－五一三八 販売 〇三－五二八一－三五五五
DTP 株式会社昭和ブライト
印刷所 萩原印刷株式会社
製本所 株式会社若林製本工場

造本には十分注意しておりますが、印刷、製本など製造上の不備がございましたら「制作局コールセンター」（フリーダイヤル〇一二〇－三三六－三四〇）にご連絡ください。（電話受付は、土・日・祝休日を除く 九時三十分〜十七時三十分）

本書の無断での複写（コピー）、上演、放送等の二次利用、翻案等は、著作権法上の例外を除き禁じられています。

本書の電子データ化などの無断複製は著作権法上の例外を除き禁じられています。代行業者等の第三者による本書の電子的複製も認められておりません。

© Arisa Harada 2024 Printed in Japan ISBN 978-4-09-389144-8